散步學入門

城市魅力大搜查

「城市的當下，就像按下長焦段快門的瞬間，每個歷史片段都需要抽絲剝繭。」

——格魯克（台中文史復興組合創辦人）

「生活即文化、日日是好日。跟著作者的腳步，一起當個漫遊城市的博物學家吧！」

——廖儷雯 Wendy（盲旅 BlindTour 執行長）

「書裡介紹的城市知識，讓人慢慢變成散步的一級玩家！」

——聚樂邦（實境解謎遊戲製作公司）

「身為長年在高中藝術生活領域推廣『都市偵探』的老師，這本書非常適合作為課堂上的參考書。」

——褚天安（教育部國教署藝術生活學科中心研究教師、高中藝術生活專任教師）

「城市的線索，隱藏在建築的表情、地圖的皺褶和住民的日常生活裡。一起來散步，推理城市魅力！」

——劉育育（苑裡掀海風共同創辦人）

前言

城市散步觀察企劃「Walkin' About」從二〇一四年開始舉辦，這是一個讓參加者在九十分鐘內自由行走，結束後請大家集合發表所見所聞的活動。

那麼採用這種形式的理由是什麼呢？

其實是因為我不太喜歡透過導覽認識城市，因為邊走邊吸收資訊會讓自己的感受變遲鈍。所以最好在什麼都不知道的情況下去走走繞繞，用自己的方式去認識這個地方。當時我想，應該會有人跟我有同樣的想法吧，便催生了Walkin' About。

我們拜訪的城鎮中，很多都是列車只會暫停片刻、這種大家認為沒什麼特色的地方。即便如此，只要實際走訪一定會有新的發現！比如說令人垂涎三尺的麵包店、極具風情的居酒屋、富有歷史價值的建築物，以及有著奇特構造的建設。只要發揮想像力去描繪當地的生活風景並深入觀察，城鎮的過往、現在和未來就會清楚浮現。

Walkin' About目前走過六十個地方，足跡遍及日本關西都心與近郊，我們所擁有的城市知識（Literacy），也持續透過參加者的分享而越來越豐富。

Literacy這個字原先指的是「閱讀書寫的能力」，在書裡我們當作「深入認識城市所需的基礎知識」之意，比方說「街道如此配置是因為這樣的理由」、「看這裡就能了解城市的歷史和現狀」等等。

像是NHK的節目《塔摩利散策》就是針對某片土地的歷史遺跡，請熟知該地歷史的專家提問，由博學的塔摩利先生提出完美解答。這證明只要有一定程度的城市知識，即使不了解當地歷史也能推敲出問題的答案。

這本書要為讀者介紹的就是這樣「城市知識」——只要有足夠的知識，城市散步就像是化身偵探，能夠推理都市設計者的想法，那麼不管去到哪裡，都可以找到有趣的切入角度加以分析。甚至當自己有機會成為設計者的角色時，也應該可以從中獲得一些靈感。

這就是我寫這本書的目的，現在就和我一起踏上這趟旅程吧！

註—＊塔摩利散策（ブラタモリ）

目錄

第3章 從【製造物流業】解讀 43

第4章 從【服務業】解讀 65

第5章 從【住家】解讀 91

第6章 從【車站前】解讀 109

第1章 提升城市知識力

照片 1

1 什麼是城市散步觀察企劃「Walkin' About」？

【照片 1】「Walkin' About」是一個讓每位參加者隨自己意願進行的城市散步觀察企劃，在某個車站剪票口集合後，簡單進行該區域的說明後便各自解散，接下來的九十分鐘內讓大家自由活動，不管是一個人還是與別人同行，或者想去咖啡店、居酒屋也行。九十分鐘結束後在咖啡店集合，各自發表自己的所見所聞。

這個企劃是二〇一四年由都市魅力研究室所主導，隸屬於大阪瓦斯(股)能源．文化研究所，辦公室位在 Grand Front Osaka 大阪商業大樓內。簡單來說，企劃的目的就是為了做城鄉調查，比方說這裡有什麼樣的街道景觀、歷史、現狀如何、今後會怎麼發展等等，一邊在街道漫遊，遇到問題就向當地人尋找答案。活動結束後我會把事先蒐集的資料，搭配參加者的簡報製作成報告，回饋給參加者和地方的公家單位。

有趣的是，參加者的滿意度通常都很高。因為它像是一個遊戲，找到有趣新發現的人就是贏家，原則上不可能不好玩。這樣講可能會讓很多人感到壓力而卻步吧，不過其實每個人都有一套觀賞城市的方法。無論走訪名勝古蹟和名店的觀光角度也好，或者思考當地生活機能是否便利的角度也好，甚至以行銷的角度分析店家客群、用規劃者的角度來檢視城市設計等，只要稍微轉換不同眼光，就能看到以往沒注意到的城市另一個面貌。

比一個人散步或團體導覽都還有趣，而且能有更多的發現，這就是這個企劃的賣點。甚至有不少人參加了好幾次，都變得跟玩社團一樣了呢！

■參加者在九十分鐘內進行了以下活動：

- 前往地圖上有興趣的地方
- 對照舊地圖，去看那些現在已經改變和沒有改變的地方
- 參觀神社、寺院、小祠、地藏菩薩等自古流傳下來的信仰對象
- 逛商店街和超市，看架上有什麼商品
- 尋找自己喜歡的店家或公園等等
- 去朋友推薦的地方
- 打聽只有在咖啡店或居酒屋等店家才會知道的情報
- 調查當地的購物、銀行、醫院等生活機能性
- 從自己的職業、專業角度來檢視

每個人關心的事情不同，也會對城市有不同的看法，這就是 Walkin' About 的趣味。

■舉辦過 Walkin' About 的地方

大阪府——八幡屋、築港、三國、松屋町、上本町、木津批發市場、美章園、野田、北野、西九條（大阪市）；住道、野崎、鴻池新田、四條畷（大東市）；尾崎（阪南市）；庄內（豊中市）；茨木（茨木市）；吹田（吹田市）；瓢簞山（東大阪市）；藤井寺（藤井寺市）；高槻（高槻市）；枚方（枚方市）；深井、堺東（堺市）；古川橋（門真市）。

兵庫縣——新開地、和田岬、三之宮、神戶港（神戶市）；船坂、甲子園（西宮市）；川西能勢口（川西市）；姬路（姬路市）；高砂（高砂市）；三田（三田市）；小林、逆瀨川（寶塚市）；園田、立花、塚口（尼崎市）；伊丹（伊丹市）；明石（明石市）。

京都府——中書島、河原町、桂、京都車站（京都市）；大山崎（大山崎町）。

滋賀縣——草津、南草津（草津市）。

奈良縣——王寺町（奈良）。

2 觀賞戲劇一般觀賞城市

我常常對來參加 Walkin' About 的人說：「在看一座城市時，要以觀賞戲劇的眼光去看。」一齣舞台劇的登場人物，會在設定好的情境下展開對話。布幕拉開後，觀眾沒有辦法馬上知道這是什麼場所，或是這些人的角色和職業。這些問號的解答會隨著故事的進展、人物的互動，以及舞台上發生的事件一一浮現。編劇和演員是負責出謎題的人，他們要費心思考得在哪個時間點置入謎題，才能吸引觀眾進入作品的世界，而我們就是以觀眾的身分去參與這場解謎遊戲。

「觀賞戲劇一般觀賞城市」說的就是這種面對謎題的態度，當你走在街道上，就像在觀賞一齣戲，腦海中會產生很多疑問，比如說：「車站前面的廣場為什麼是這種形狀」、「來這家店買東西的都是什麼樣的客人」、「為何公寓大廈要蓋在這裡」等等，這時候向附近的店家打聽或是上網搜尋，便可以一窺城市的不同面向。和戲劇不同的是，不能光是坐著等待謎底揭曉，如果自己沒有主動尋找答案，謎題永遠都只會是謎題。

「為什麼這座城市要如此設計呢？」有時必須去推測城市編劇者的意圖。能辨別出戲劇品質好壞的人我們稱為「鑑賞者」，他們擅長解析創作者的意圖——編劇設定這些橋段的用意是什麼、為何角色是這種性格？這句台詞有什麼目的？並且去檢視作品的結構完不完整。

城市裡不只有「現在」，還同時存在著過去不同時代所留下的建築物、建設和土地規劃，其背後

照片 2

都隱含設計者和每個時代的想法。就像觀賞戲劇一樣，若要理解不同時代的意圖，光靠我們現在擁有的知識是不夠的，還必須動用五十年、一百年，甚至四百年前的知識，才足以完成這個任務。

這本書裡便是匯集我們在 Walkin' About 活動中，彼此分享解讀城市的知識。要成為一位「城市的鑑賞者」，比起別人的指導，更需要的是自己挖掘謎題，以及踏上解謎之旅的熱情及能力。因此，這本書所傳達的是極為基礎的知識，讓大家了解對於城市和城市設計者，可以用什麼樣的心態去感受、理解。

接下來，先讓我們來看看幾個具體的例子。

【照片2】的大眾澡堂名為名為「軍人湯」，位於京都市伏見區深草的藤森車站附近。看到招牌時心裡應該都會疑惑為什麼叫軍人湯吧？可能也想知道這家店是從什麼時候開始營業。我第一次看到

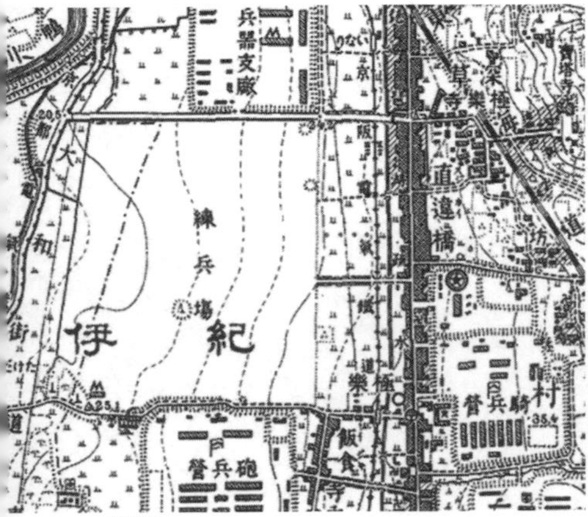

地圖 1
出處：國土地理院地圖　1:20000　地形圖「京都南部」
（明治 42 年測製，大正 1 年 8 月 15 日發行）

照片 3

它時，就跑去跟隔壁的烏龍麵店老闆打聽了一下。

原來，澡堂正北方的京都聖母女學院，曾經是陸軍第十六師團司令本部的廳舍，所以這一帶有很多軍人在這邊活動。【照片3】是烏龍麵店前方T字型道路的轉角，也因此此設計成方便戰車轉彎的角度。

經過調查，這家大眾澡堂於大正時代開業。從【地圖1】可以看到，位於京阪電車路線西側，龍古大學和警察學校所在位置的前身是練兵場，東側道路還被命名為「師團街道」。當初許多出征太平洋戰爭的士兵，在此泡澡的心情想必十分複雜的吧。

下一個例子是大阪府豐中市庄內的木造出租套房，看到【照片4】的時候一定會想——「為什麼有這麼多台冷氣」吧，仔細一看會發現窗戶還裝上了窗框。探究其原因，從【地圖2】可見，是因為大阪國際機場就在庄內附近，這裡被歸類為飛機噪音嚴重的區域。一九八二年以前落成的住宅所安裝的隔

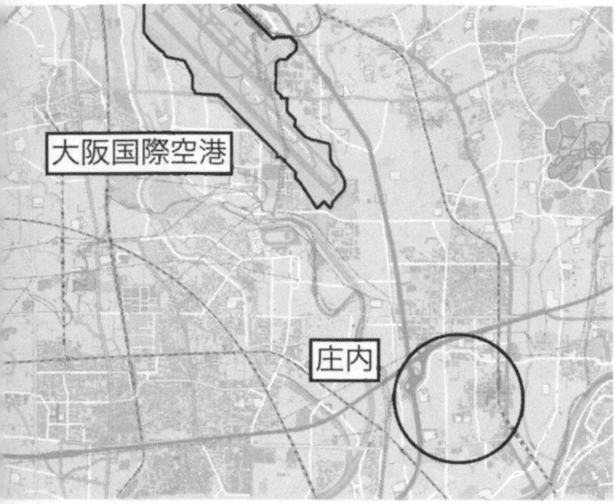

地圖 2
©OpenStreetMap contributors

照片 4

音門窗，牆壁、天花板的維修，甚至是安裝冷氣、換氣扇等等的費用，都由公家單位補助，這就是這幅景象的由來。

在庄內舉辦 Walkin' About 時，我們從車站旁、自一九五一年開業的立吞酒場的老闆口中，聽到了以下敘述：

「以前，飛機的聲音更吵。關西國際機場蓋好之前，這邊（大阪國際機場）飛行的班次很多，每五分鐘就有一班。神奇的是，當飛機經過時正好在看電視，雖然聽不到聲音，但卻仍看得懂劇情在演什麼。」

在街道漫遊時，若心生疑問就查資料，或是詢問當地人，如此一來就有機會聽到當地的故事，甚至會聽到自己想寫也寫不出來的動人台詞。

「觀賞戲劇一般觀賞城市」，即是用當地居民的眼光來重新看待城市。

註
* 大阪國際機場（大阪国際空港）
* 立吞酒場——（編註）提供顧客以站著喝酒吃東西的居酒屋

3 設計者的觀點、接收者的觀點，會看到什麼呢？

我們再進一步地思考何謂「觀賞戲劇一般觀賞城市」這件事。在戲劇的基調中，一定包含著「掙扎」的元素。舉例來說，就像是兩個相愛的人不斷錯過、主角深陷在失敗和挫折中無法自拔。正因為有這份「掙扎」，觀眾才會對劇中人物感同身受，全心投入作品的世界。

以觀察的心態走進城市中，時常會目睹到人們的「掙扎」，比如說，居酒屋因為工廠搬遷失去主顧客、上了年紀的人想搬到車站前公寓但卻無能為力等等。在觀察咖啡店、居酒屋的老闆們和客人對話的過程中，我留意到了人們的掙扎。

有的掙扎是出於立意良善的事情，卻大幅改變了某人習以為常的日常生活，例如土地重劃迫使居民必須搬離長年居住的故鄉；在數十年、數百年前，基於誰的意圖或時代的所需而建造出來的東西，曾幾何時早已落伍，變成被所有人遺忘的存在。特別是那些繁榮時期投入大量資金的建設，隨著時間的流逝，失去了必要性而在當今顯得突兀，這就是時代轉換產生的掙扎。

城市中有兩股力量無時無刻在角力著：有出於對城鄉和日常風景的依戀、認同以及信念，努力保留現狀的力量；另一種則是出於環境變化、經濟、政治和時代轉換的理由，想改變現狀的力量。

實際上因為更新硬體需要花費龐大的資金和能量，因此許多建築物先暫時保留現狀，雖然外表看起來毫無變化，但內在卻正在醞釀改變的動力。當建築物的老化來到物理上的極限、災害發生，或者懷抱開發企圖的人出現時，城市便會一口氣來個大變身。

所謂的「觀賞戲劇一般觀賞城市」，是去理解設計者和開發者的觀點，理解作用在城市裡的各種力量，同時也站在居民的角度去重新看待城市應有的樣貌。

觀賞眼前的建築、商店、住宅和道路的時候，不僅可以沉浸在其美感和趣味性，還能思考其背後的必然性和意圖，以及衍伸出來的各種生活情節。這就是 Walkin' About 進行「城市解讀」時的基本態度。

從下一章開始，我將會介紹解讀城市所需的不同層面和各種知識。本書的原稿是我在哈佛大學甘迺迪政府學院當研究員時所完成，其中也會穿插介紹幾個美國麻薩諸塞州的例子。

第2章

從農業解讀

照片 1

1 被留下來的老宅
歷史悠久的老東西所訴說的事

【照片1】中可以看到一棟古老的日式家屋與大樓比鄰而居，這樣的風景在已經都市化的地區隨處可見。在百年前，這一帶應該都還是屋主代代相傳的田地，而現在緊鄰著的建築，應該是某個時期在田地上新建起的現代大樓，庭院也改建成停車場。

【照片2】是位於大阪府茨木市的一幢老宅，因為鄰近JR茨木車站，屋前又有道路通過的關係，周遭的開發已趨近飽和。我看了明治初期的地圖，發現過去這一代的村落規模都不大，很多住宅區的土地都曾經是田地、山林或濕地。

為這些農村景觀帶來如此激烈變化，便是都市化的力量。日本的人口在一八七二年有

照片 2

三千五百萬人，是目前人口數的四分之一，國家必須開發更多土地來容納後來增加的四倍人口。那些被都市化潮流席捲的地區，一定會在某個時代作出重大決定，像是留下祖先傳下來的房子和庭院，或把附近的田地改建成停車場或大樓，抑或是把原先居住的地方翻新成更現代化的房子。究竟是下了何種判斷才演變成現在看到的風景呢？仔細推敲就能發現背後的故事。

城市裡雖然混雜著不同屋齡的房子，但是只要注意那些歷史悠久的老宅，就更能看清城市的樣貌。古老的民宅、地藏菩薩、灌溉水路、雄偉的大樹和路邊的大石頭，這附近都有可能是五十年、一百年前的村落。而旁邊公寓大廈的位置，也許曾經是一大片田地或一棟大房子。

照片3

2 彎曲的道路
舊村落中友善行人的設計

【照片3】是兵庫縣尼崎市水堂町的住宅區，可以看到庭院裡種植著松樹。我們把焦點放在前面那條道路的平緩彎度，有些住宅區會像這樣混雜著從前村落的遺跡，我們稱為「舊村落」或「舊村」。最明顯的特徵是，可以從有沒有寺院、神社、地藏菩薩、小祠來判斷，或者道路的彎度平緩，又或者道路狹窄到車子很難通過等等，這些土地和道路就依照著江戶時代的規劃，原封不動、沒有改變。

【地圖1】的時間是一九〇九年，可以看到被稻田包圍的水堂村落，道路是沿著灌溉水路的路線所設計，水路會配合地形些微高低落差而蜿蜒，道路也跟著彎曲。若要將水路和道路拉直必

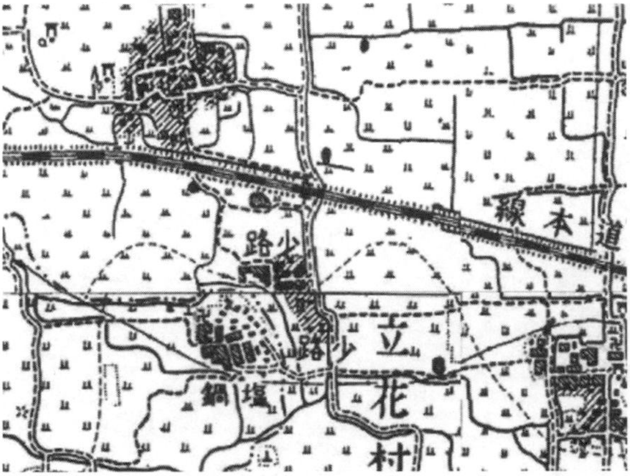

地圖 1
出處：國土地理院地圖　1:20000　「西之宮」
（明治 42 年測製，明治 44 年 9 月 30 日發行）

須平整土地，這在沒有重型機械的時代非常不容易，這也是為什麼現在看到的道路，仍會是彎彎曲曲。

為什麼要把焦點放在舊村落呢？這在思考區域社會的現狀時是很重要的一環，原先的居民和後來搬來的居民之間，時常有著隔閡，與新住民分享舊村落中所流傳下來的區域歷史，是形成群體意識的關鍵。

說個題外話，稍後要介紹的建築師克里斯托佛・亞歷山大在著作《模式語言》中提到，讓人感到舒適的風景之一就是「鄰近的彎道」，理由是因為「車子沒辦法開太快」。雖然日本舊村落的彎道可能沒有這樣的意圖，但就結果來看是十分友善行人的設計呢。

註
＊克里斯托佛・亞歷山大（Christopher Alexander）
＊《模式語言（*Pattern Language*）》

照片 4
出處：奈良縣大和郡山市安堵町空拍照（國土地理院 2008 年拍攝）

3 筆直的道路

為何有計畫性地拉直道路

【照片4】是奈良縣大和郡山市安堵町的空拍照，由國土地理院所拍攝。土地大致上劃分成正方形的區塊，其中還有一些長方形的農地和住宅，這是奈良時代建立的「條里制」的遺跡，一個區塊的邊長是一〇九公尺（一町）。

跟剛才提到的「彎道」不同，這是有計畫地將道路設計成筆直的模樣。

奈良時代的「班田制」是根據戶籍和帳冊分配田地給人民，再從收成去收租（稅）。教科書上雖然寫著，條里制的土地劃分方法是為了因應班田制而生，但事實上條里制是在班田制逐漸崩解的八世紀中期建立，當時私人領地不斷增加，必須盡快釐清土地的歸屬，毋庸置

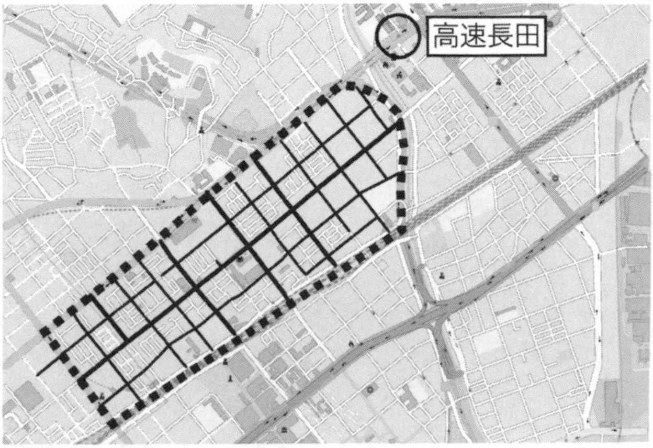

地圖 2
©OpenStreetMap contributors

疑地，這是一個耗費大量勞動力進行的大工程。這種土地的劃分方式決定了日後道路、水路的行經方向和蓄水池的形狀，限制了土地的運用。

一九〇〇年代，日本各地進行了稍後會介紹的耕地整理，然而保有許多條里制遺緒的西日本，依然沿襲著舊規定。

【地圖2】是神戶市長田區的部分區域，可以看到高速長田車站西南側的土地是正方形區塊，位在市中心的邊緣。預計之後會慢慢轉為住宅地，所以正在進行耕地整理的作業。

有計畫性地劃分土地，或者沒有計畫性地隨意開發，將會大大地左右之後的土地規劃。我想，條里制的創立者應該沒有想到會如此影響深遠吧。

註—* 班田制（班田收授法）

照片 5

4 鎌倉室町時代的樣貌

自治歷史的展現

【照片5】在京都市伏見區的竹田國小前方，可以看到這種吊掛繩子的景象，原本這裡有兩棵高大的樟樹，後來因老化砍除了上方的枝幹。

這種習俗稱為「道切」，常見於村莊出入口的道路或十字路口（【地圖3】）。從前的人們認為村莊交界處，會有妖魔或者掌控流行病的神明出入，因此在出入口掛上注連繩並供奉草履和草鞋，來驅魔與祭拜道祖神。滋賀縣東近江市的農村地區，現今仍保有在村莊交界處、十字路口、寺院內垂掛「勸請繩」的習俗。【照片5】的位置是東竹田村的北側入口，附近有連接京都市中心與伏見區的竹田街道通過，所以才保留著這種風俗習慣吧。

近畿地區從鎌倉時代至室町時代，設立了「惣

照片 6

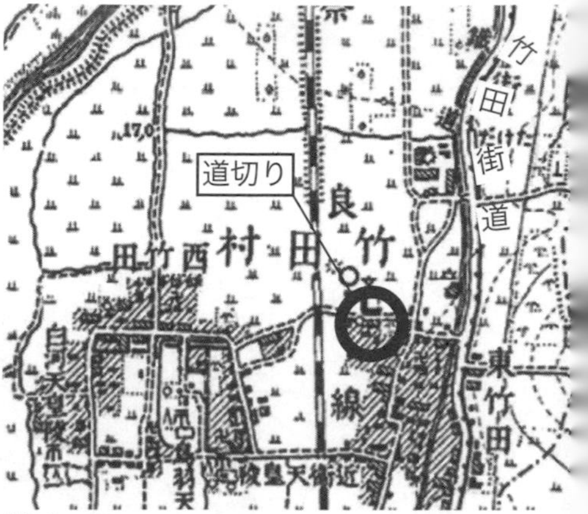

地圖 3
出處：國土地理院地圖　1:20000　地形圖「京都南部」
（明治 42 年測製，大正 1 年 8 月 15 日發行）部分筆者補充

村」——是一個以農業為基礎、高度自治的村落共同體組織，取代管理地方的地頭和莊官，以村落為單位繳交年貢和租稅，村民共同持有土地、自主管理灌溉水利和土地資源，以及營運祭祀和地方決策，而在南北朝內亂後更多了自衛的功能。一四二八年，在京都近郊的惣村，發生農民要求取消債務的正長土一揆起義事件，當時竹田村也參加了這場起義，意志相當堅強。

【照片6】大阪市東住吉區的桑津是祭拜北口地藏菩薩，這裡曾經也是村莊入口，四周環繞著濠溝。大坂之役時成為激戰區，村民們為了抵禦入侵者，在四面都挖了濠溝，為了自保做足準備。現在濠溝雖然已埋起來，依然能從村裡十字路交錯，還有彎曲的道路看出一點蛛絲馬跡。

從這個例子可以看到，不只是土地的劃分方式，在地的文化也會流傳至今，尤其許多鎌倉室町時代的皇居周邊景致，現在都還看得到，這使得城市解讀饒富趣味。

註

* 道切（道切り）
* 注連繩（しめ縄）
* 竹田街道——（譯註）連結京都市中心與伏見區的道路之一
* 南北朝內亂——（編註）發生於一三三一年至一三九二年間日本歷史上的皇室分裂
* 正長土一揆起義事件（正長の土一揆）

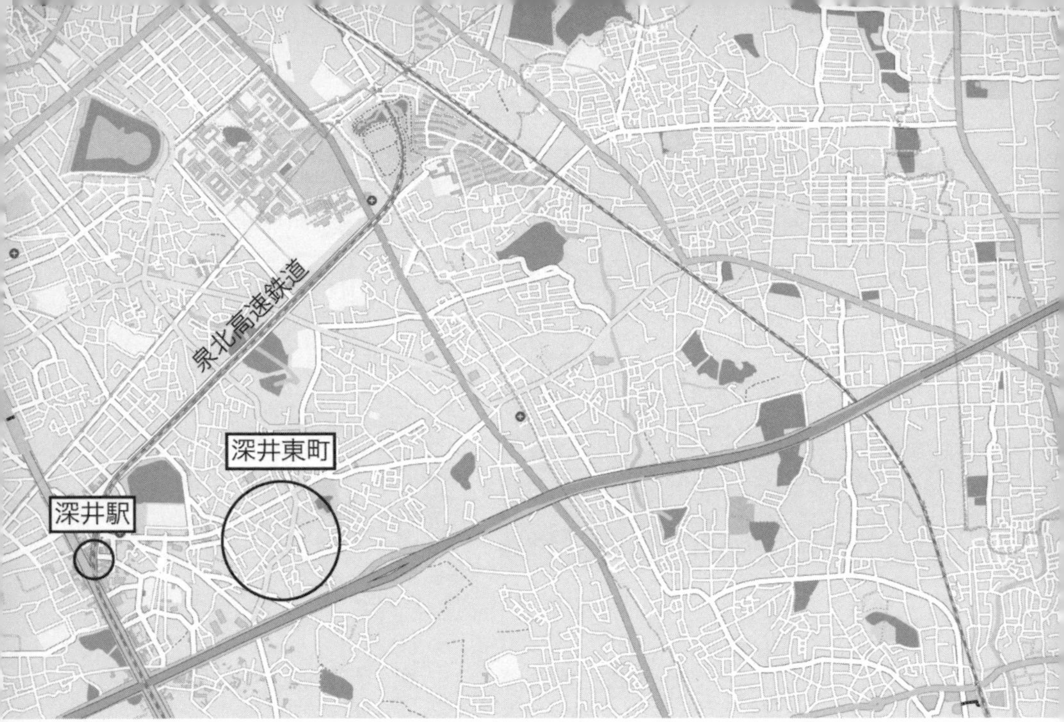

地圖 4
©OpenStreetMap contributors

5 蓄水池的存在

如何活用豐富的水資源建設

【地圖4】中看大阪府南部的泉北高鐵深井車站的周邊，便會發現這裡有大量的蓄水池。為了確保農業用水無虞，大阪府內大約有一萬一千個蓄水池。少雨的氣候和水量豐沛的河川，加上飛鳥時代自朝鮮半島傳授的先進工程技術，造就出這番景象。

蓄水池平時用來儲存雨水，在必要時刻發揮水庫的功能。農閒期的冬季儲水，到了初春初夏種植水稻的時期，便為水田供水。另外梅雨季儲水能降低夏季缺水的風險，大雨時也能避免下游洪水氾濫。

然而當周邊陸續蓋起住宅，農業用水的需求減少，蓄水池的維護工作也變得吃重。再加

照片 7

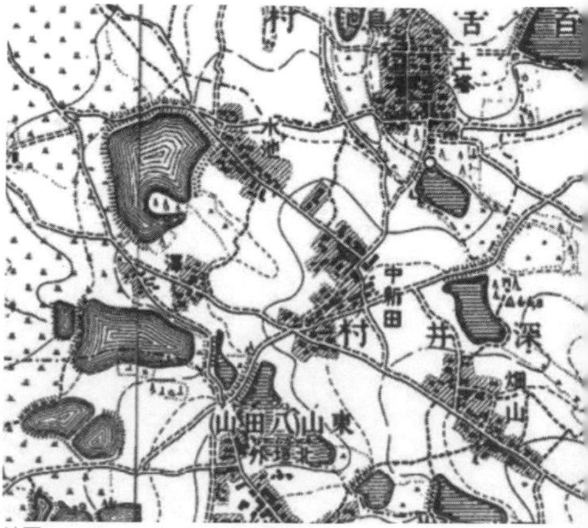

地圖 5
出處：國土地理院地圖　1:20000　「狹山」
（明治 41 年測製，大正 1 年 11 月 30 日發行）

上家庭廢水排放汙染水質，堤防老化增加蓄水池崩塌的風險。眼前的課題是這些豐富的水資源建設，要怎麼活用於農業之外的情境。

Walkin' About 在深井舉辦時，我在深井東町閒晃。這一代在以前叫做中新田，從【地圖5】能看出，早期這裡有個被大量蓄水池環繞的村落。

【照片7】我經過深井東町會館前方時，年輕人們爬上地車祭專用的山車，正練習著一種名為「鉦」的打擊樂器。旁邊兩、三個看起來是前輩的人想出手戲弄時，正在練習的孩子嚷嚷著：「別鬧、我在練習！」。

不只是種稻和收割，大量蓄水池的修建也需要眾人的合作，眼前的畫面讓我想到這個城鎮的地車祭，也是維繫農業共同體的重要角色呢。

註
* 泉北高速鐵路（泉北高速鉄道）
* 深井車站（深井駅）
* 地車祭（だんじり）

照片 8

6 灌溉水路的存在
述說水利的故事

【照片8】是位在兵庫縣西宮市上賀原的灌溉水路「百間樋」，流經左側的甲武國中和右側的住宅之間。從【地圖6】中可見，水源是取自北邊三公里遠的武庫川上游，通過仁川下方往南延伸，最後滋潤武庫川西側的稻田。這條特別的水路於一五六〇年左右開鑿，雖然旁邊就有武庫川，但因為水位比周圍土地低的關係，在那個沒有動力的時代難以使用。因此便順勢運用這種高低差，開發一條為下游田地供水的水路。

【照片9】是西宮市另一條江戶初期開發的上賀原灌溉水路，在關西學院大學內仍保留著將水路分成三條路線的設置，根據石頭間的缺口大小控制水流量。

照片 9

地圖 6
©OpenStreetMap contributors

河川水資源經常引發上下游的利益衝突，特別是乾旱時，上游保住了用水導致下游無水可用引發爭端。因此各村莊會協調用水習慣，確保彼此的利益。這裡也是因為要開墾新田，農業用水需求增加爭執不斷，才想出這樣的策略因應吧。

這類建設牽連到各村莊的利益，設施的維護和檢修需要每個村莊的農民共同合作，換句話說區域間是出於必要才採取合作模式。隨著時代演變，周邊開發成住宅區後，生活廢水和垃圾開始流入灌溉水路。從事農業的人口減少後，維護水路的人手也變得不足。

然而，灌溉水路和蓄水池一樣，都是為地方帶來水資源的歷史遺產，它是基於什麼目的被建造出來的？透過尋找問題的解答，重新想起歷史遺產的價值。

註一＊甲武國中（甲武中学校）

照片 10

7 製造業化的農業

地方企劃者翻轉地方

【照片10】是奈良縣廣陵町疋相的襪子製造公司和馬見襪子事業協會的招牌。【地圖7】可看出這一帶周邊有一些零星的蓄水池，這裡是位於雨量少的大和盆地，加上高原地形的影響，以前的人們為了確保農業用水費盡心思。為了有效利用有限的水資源，將耕地輪流作為水田和旱田使用，夏季則生產棉花。到了十八世紀中期，除了棉花之外，棉線、棉布等加工業也十分盛行，不管是原料加工技術、相關的代理商和棉線供應商等產業，也在這裡打下深厚的基礎。自從一八九〇年代開始進口外國產的棉花之後，日本國產棉花製作的棉線便快速衰退。原先種植棉花的地區改種其他的經濟作物，或者使用進口棉花

照片 11

地圖 7
©OpenStreetMap contributors

進行棉布加工。當時本地一位經營棉製品供應的商人吉井泰治郎，想到用生產襪子取代織布生意的點子，於是從美國引進機器，自一九一〇年代開始生產襪子。這門生意後來逐漸擴及周邊地區，使當地成為日本第一的襪子產地。

【照片11】是從大阪府柏原市生駒山上的葡萄園，眺望山下住宅區的景色，以前連山腳下都是整片的葡萄園呢。

【地圖8】大阪市內搭乘近鐵大阪線往南移動，車子過了柏原市的堅下車站後，就會看到山腰掛著「柏原葡萄」的招牌，這一帶從明治初期開始種植葡萄，到了昭和初期葡萄種植面積更稱霸全國。這個區域過去也栽種棉花。原先流經生駒山山腳的大和川，一七〇四年河川改道後，水流改往西邊的堺市方向流去，留下的砂地因排水良好便開始種植棉花，成為「河內棉花」的重要產地。明治時期放棄棉花栽種後，地方產業轉而發展葡萄栽種，到了大正時期開始釀造葡萄酒。走在太平寺一帶，可以看到以地方產業累積財富的人們所蓋建的家屋和街景。

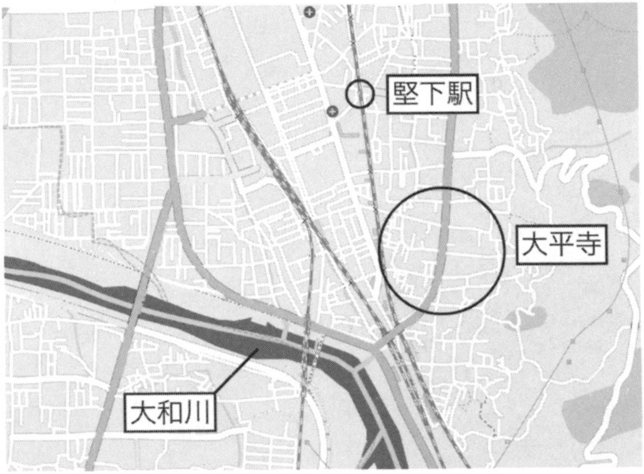

地圖 8
©OpenStreetMap contributors

這兩個例子的共通點，就是地方中有類似企劃者的角色存在。單純種植、銷售農作物所賺取的利潤有限，而且過了收成期就沒有收入來源。為了讓地方更豐饒，多花一點心思加工、行銷，就是有這種創新的土壤才能催生出地方經濟的樑柱吧。近期提倡的「六級產業化」政策，試圖在全國各地的農林水產業加入製造業、服務業的元素，強化地方經濟的體質，這件事同樣也需要地方企劃者的協助。

註
＊ 襪子製造公司（靴下製造会社）
＊ 堅下車站（堅下駅）

照片 12

8 農地改良
提高生產力的措施

【照片12】是京都府久世郡久御山町的大片田地，這裡曾經是一個周長十六公里、名為「巨椋池」的淡水湖。久御山町的農業發展，長久以來受到木津川和宇治川的氾濫，以及巨椋池水位過高的問題所限制。一九三三年至一九四一年的填湖造田工程結束後，便能進行水田耕種，整片土地改為農地使用。

一九四九年為了提升農業生產性，開始推行「圃場整備」的土地改良計畫，包含農地區塊劃分、土壤改良、灌溉排水水路、田間道路的整備等等。戰後，曳引機和收割機取代人力和牛馬耕成為主流，土地重新規劃成面積寬廣的長方形，並連接寬闊的農業道路，讓曳引機和小貨車能開

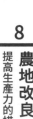

進去，提高作業效率和生產力。

京都市伏見區竹田的農家表示，不少人賣掉附近的農地，把錢拿來買久御山的土地，開車去作農。因附近的土地慢慢改建成住宅區，地價上漲，所得幾乎可以在久御山買到三倍大的地。農業雖然因此得以維持下去，但這裡的農家仍在減少當中。

有趣的是，配合農業機械化整治農地的時期，剛好和都市近郊的農地改為住宅用地的時期重疊，所以當時面臨到兩難問題——該將土地改良的資金投入到農業，還是住宅用地改建，這在之後介紹的耕地整理也會碰到。

北邊的竹田在戰後也整備了抽水泵浦、水閘、灌溉水路等建設，提高農業生產力。然而，隨著土地逐漸轉為住宅地，這些設備的使用需求也慢慢減少了。原本無法耕種的巨大湖泊，卻搖身一變成為生產效率極高的農地，延續農業的生命。

久御山的水田在一九七〇年代後逐漸轉為旱田。前身為湖泊的土地雖然很適合種稻，但為了配合當時政府抑制稻米生產的減反政策，安裝了排水設備，改種利潤高的蔬菜和花卉，如今成為都市近郊的蔬菜供應產地。

註
*減反政策（げんたんせいさく）——（編註）戰後日本減少耕地面積以限制稻米生產的農業政策

照片 13

9 留下來的農地
能否克服「二〇二二年問題」

【照片13】是大阪府北部箕面市萱野地區的田園風景，萱野是舊西國街道旁的村落，這條路是從京都延續到兵庫縣西宮市之間。居民為了保留地方景觀，便將此處訂為原則上禁止蓋房子等開發行為的「市街化調整區域」。

【照片14】是JR學研都市線京田邊車站附近，這裡同樣屬於市街化調整區域。放遠望去整片都是圃場整備時劃分的田地。

大阪府堺市的深井東町也可以看到像【照片15】的農地。雖然這一區是預計會開發的「市街化區域」，仍然保留著早期的農村風景。或許是參與地車祭讓居民關係緊密，大家保護農業的意識強烈才得以留住這片風景吧。

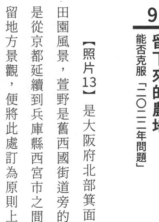

照片 14

照片 15

順帶一題，市街化區域內的生產綠地面臨著「二〇二二年問題」。所謂生產綠地指的是所有權人以農地為名義擁有的土地，固定資產稅只有住宅地的百分之一。一九九一年修訂《生產綠地法》時，日本全國約有一萬三千公頃的土地被指定為生產綠地。然而，生產綠地的資格有效期限是三十年，在二〇二二年到期時這些土地恐怕會被全數拋售，如此一來農地極有可能會一口氣改建為住宅地。

因此政府採取了一些措施，比如修訂《生產綠地法》，將生產綠地開放申請收購的時間延長十年、降低面積認定條件，並在農地內開設直營店和農家餐廳、放寬農地出租規定等等。然而問題不只有制度的轉換，還有農業後繼無人的困境。如何讓近郊農業存續，是每個地區都面臨的課題。

專欄 一 高砂農家爺爺的故事

Walkin' About 在兵庫縣南部的山陽高砂車站一帶舉辦時，我在附近住宅區遇到一位種草莓、茄子和花菖蒲的老爺爺。

老爺爺現年八十七歲，雖出生於富有農家，但是身為四男的父親早逝，因此很長一段時間都在工廠工作。戰時在姬路市廣畑的日本製鐵，戰後在加古川市的日本毛織。退休後白天在鐵工廠工作，晚上則在高中當保全，一生都以工作度日。

爺爺年輕時迷上徠卡和康泰時相機，還埋首鑽研收音機、真空管電視、擴音器和摩托車，自製自售。以下是他告訴我的：

當時的摩托車是德國製，雖然日本的摩托車店嘗試模仿製造，但國產的軸承和活塞等零件品質不佳容易耗損。那時候日本摩托車製造商有三十到三十五家，在明石的川西製作所推出一款仿製德國摩托車的車款「波音特」後，波音特就變成摩托車的代稱。

川西製作所、川崎製鐵所，在戰時是戰鬥機製造廠。後來工廠在空襲中燒毀，劫後餘生的技術人員為了維生，把摩托車拆開來試著仿製。

以前明石和姬路之間，只有一家工廠在高砂，後來三菱製紙、鐘淵紡績、日本砂鐵……也陸續設廠。以前沒有塑膠，只有一種叫「賽璐珞」的合成樹脂，製作賽璐珞的工廠 DAICEL 就設立在網干區。

鐘淵紡績成立以後，有三千多個女工從鹿兒島和廣島來這裡工作。日本毛織的印南廠和加古川廠也分別有五千位女工。

女工們在當地結婚定居，他們的下一代大多都到外地讀書，畢業後留在外地工作沒有回鄉。爺爺的兒子也是離開高砂在外地當醫生，所以高砂居民的年齡層逐漸偏高。

我們在田的旁邊聽著爺爺說故事，就連這種地方都有機會認識地方歷史。

註

＊戰時（戰時）——（編註）第二次大戰時期
＊波音特（ポインター）
＊賽璐珞（Celluloid Nitrate）

第3章

從製造物流業解讀

照片 1

1 河岸曾有港口的年代
用不同眼光回顧水運時代

【照片1】是京都市伏見區中書島的風景，宇治川的支流濠川河岸邊是一排釀酒廠，不遠處還有坂本龍馬常住的旅館「寺田屋」。

中書島是一座被河川和溝渠環繞的島，豐臣秀吉蓋伏見城時帶動了這一帶的開發。除了宇治川和濠川交接處設有伏見港之外，在江戶時代還有往返於伏見和大坂的三十石船，是水上交通及物資運送的重要樞紐。

沒有汽車和鐵路的年代，水路運輸是載送人與物資的重要手段。當時船的動力是人力和風力，港口的規模也小，水運樞紐聚集了日本酒、醬油、木桶等製造業，人、資金、物資和情報就在這裡互通有無，十分繁榮。

照片 2

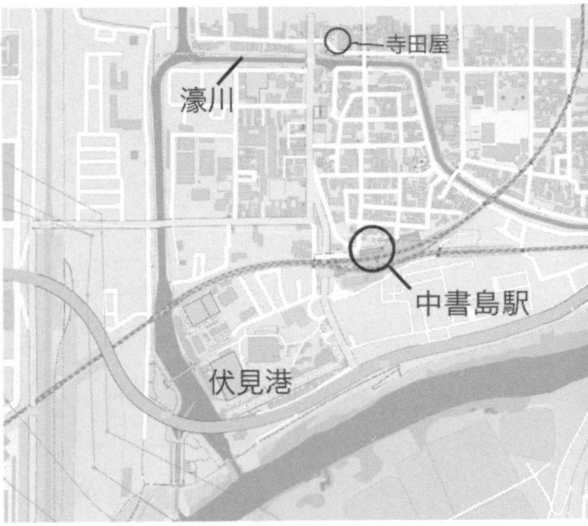

地圖 1
©OpenStreetMap contributors

河運在明治中期鐵路開通和陸上交通發達之前，也是載送人和貨物的重要物流。當時船隻停泊的地方稱為「河岸」或「津」，在周遭地區形成了村落。

【照片2】的房子位在兵庫縣高砂市今津町，是江戶時代所建造。Walkin' About在二〇一五年於此地舉辦時活動時，已經快要崩塌。值得注意的是，房子牆壁是用船的廢棄材料回收所製成，原來房子的主人工樂松右衛門經營商船代理，並受命修復國內多個港口。從【地圖2】中可以看到，宅邸的正前方有一條十字運河。這一帶幾個相關的地名，魚町、渡海町、今津町，仍沿用至今。

整治高砂堀川並設置港口的人，是關原之戰結束後進入姬路當上播磨藩主的池田輝政。當時用小船將加古川流域的年貢米集中載運至此，再搬到海上的大船運至大阪和兵庫，為此特別開鑿運河、設置船塢、卸貨處及建造米倉，這裡就是江戶時代高砂町的中心。江戶中期的高砂人口約有八千多人，是在播磨國中規模僅次姬路的大交易都市。

地圖 2
©OpenStreetMap　contributors

伏見港和高砂港皆建於一六〇〇年前後，根據明確的都市計畫發展成物流據點。身為財富集中的地區，不只港灣，都市整體都砸下投資整治街道，蓋起氣派的建築。工樂松右衛門的宅邸後來被捐出來，由高砂市全面翻新後開放參觀，見證地方繁榮過往的歷史建築也能再次吸引人群聚集。

註
＊中書島車站（中書島駅）
＊舊工樂松右衛門邸（旧工楽松右衛門邸）

照片 3

2 利用水力發展的產業

電力普及前的產業用地

【照片3】的石牆，位在兵庫縣蘆屋川河岸西邊，從兵庫縣南部阪急蘆屋川車站往北走數百公尺就可以看到。花崗岩做成的圓形石臼，是從前水車小屋所使用的東西。

鐵路、汽車出現前會是用小船載送物資，電力發明之前的動力則是水力。六甲山腳下的蘆屋川沿岸，座落著約三十台從江戶時期到明治初期設置的水車，用來製粉、精米和搾油，因此蘆屋川沿岸現在仍被稱作「水車谷」。

大正時代以後馬達普及，加上一九三八年發生的阪神大水災，迫使多數水車小屋結束營運，現在也只有這些石臼能夠證明當時水車產業的興盛。

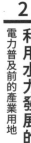

照片 4

照片 5

【照片4】是住宅區中一家大阪City信用金庫的分行，位在生駒山腳下的東大阪市豐浦町。原本不明白為何這裡會有這種機構，原來是從前這一帶開了很多金屬線工廠，繁榮的景象讓這裡一度被稱為「豐浦銀座」。

本地的金屬線製造業始於江戶時代末期，明治時代利用生駒山湍急水流作為動力的水車後，產業更加蓬勃發展。到了大正時代雖然水車被馬達取代，不過一九三五年大阪府中心至東大阪的產業道路——大阪枚岡線開通後，大大帶動了地區發展。後來發生金屬酸洗的廢水造成農業汙染的問題，工廠數量在一九七〇年代之後大幅減少。【照片5】是在附近散步時，還可以看到當地仍有金屬線產業。

這裡介紹的幾個地方都位於山腳，了解電力普及之前利用水力發展的產業故事後，反而對於不再使用再生能源感到有些可惜。這個地方就位在登山步道的不遠處，推薦讀者順道過去瞧瞧，順便回顧地方發展的歷史。

照片6

3 工業革命和港口用地

臨海地區土地利用的轉變

【照片6】中的「鳴門」立吞酒場，位在大阪市此花區西九條車站附近，開業將近五十年。很多工廠勞工會在工作結束後來西九條喝一杯，因此這附近開了很多便宜的小酒館。問店家以前是不是有很多在工廠工作的客人，得到「很多日本製鐵、日立、川崎重工、還有大阪燃氣的啊」的回覆。

包含此花區在內，大阪市臨海地區的土地幾乎都是江戶時代填海造地來的。由商人投資開發，依町人請負新田制拿農作物繳納年貢的新田數量雖多，不過很多小農都是通勤耕作，很少有形成村落的情形。

這些臨海地區的新田土地在明治中期的產業

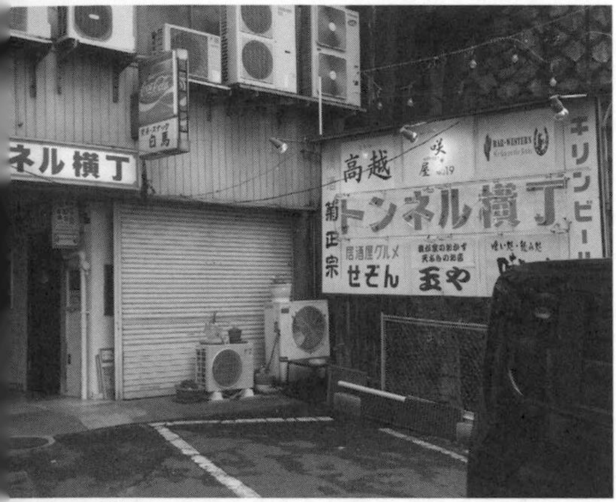

照片 7

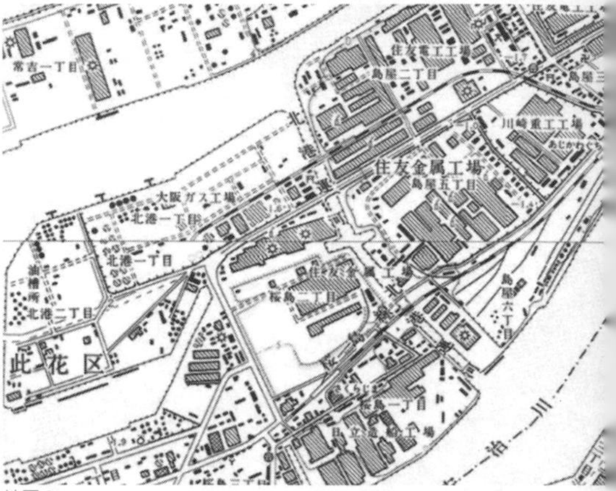

地圖 3
出處：國土地理院地圖　1:25000　「大阪西南部」
（昭和 62 年修正，昭和 63 年 7 月 30 日發行）

革命時，大量被相中成為紡織、鋼鐵、機械等工廠的預定地。除了離港口近、方便進口原料和出貨等地理優勢之外，從持有土地的商人立場來看，無論是農業或工業，只要能獲利即可，加上此處沒有村落，才能順利轉換土地的利用方式吧。

順帶一提，剛才店家說到的幾個工廠所在地，現在已變成日本環球影城了。原本出沒在西九條車站的工廠工人，已被外國觀光客取代，這就是所謂的去工業化，當工廠退場、娛樂設施進場，進來的客群也截然不同。不過以往接待勞工的城市，並沒有因為工廠關閉而一口氣變成觀光區，而是緩慢地轉變。【照片7】位在車站周邊，依然保有從前的樣貌，站前那家立食蕎麥麵店仍流瀉著石田良子的歌曲，此刻彷彿仍凍結在昭和的時光中。

雖然這座城市隨著時間流轉，應該也會逐漸地觀光化，但是我私心期待它永遠會是一個，可以回味昭和時光、適合播放石田良子歌曲的地方。

照片 8

4 曾經的港口風光
隨著貨櫃船出現而消失

大阪市築港地區有一家有名為「築港溫泉」的大眾澡堂，現在已結束營業。在此舉辦Walkin' About時，老闆跟我們說了這段故事。

來光顧的客人中，在地人占兩成，勞工占了八成。這些勞工中有紅人、白人和黑人，所謂紅人指的是處理廢鐵、白人是麵粉，黑人則是沾染煤炭的人。他們進店裡前得先用報紙掃一遍身體，再用門口的水龍頭清洗乾淨。

從前的裝卸貨作業，不像現在是貨櫃船停靠碼頭後用起重機運上、下船，而是用駁船將海上船隻的貨物卸下後，再運送到碼頭送入倉庫。同理，出貨時就按照相反的流程進行。**【照片9】**

照片 9
出處：《大阪港的歷史》（昭和 32 年大阪市發行）

照片 10

負責裝卸貨作業的勞工被稱為「沖仲士」或「ANKO」。幾乎所有的工人都是由仲介在大阪西成的釜崎地區統一招募載送，他們在船內和碼頭裝卸貨到傍晚，工作結束後到附近的商店街購物、泡澡和喝酒。

【照片10】是由貨櫃船開進港口，用起重機將貨櫃吊上岸，再以拖車載運的方式，這是到了一九六〇年代後期才開始改變。不只卸貨所需的人力和時間，竊盜和損壞的風險也大大減少。這需要投下龐大的資金在港口、船隻、起重機、倉庫、卡車和鐵路等建設，產業的改革也不可或缺。身為缺乏原物料和能源的島國日本，出口工業產品是日本提升競爭力的關鍵。

另一方面，以往負責管理臨時工、家族經營的小規模港灣運輸業者，則面臨轉型升級的挑戰。港灣勞工失業、駁船報廢，港口開港後以往人們的蹤影已不復見。

照片 11

5 任務結束的港口
從超商讀解城市

【照片11】看到兵庫縣神戶市兵庫碼頭的超商，你會以為自己來到釣具行，裡面排滿了釣魚所需的商品。再往前走一點會看到大群的釣客，現在這裡已不做港口使用。

看看【地圖4】，兵庫碼頭就在左下方「中央市場前」車站的右側。右邊的港灣人工島有個凹進去形狀的位置，是提供給船隻停泊的地方。從前兵庫碼頭也是這種形狀，船隻不需停泊後，便將凹處填成土地，另作其他用途。

那麼港口還在運作的地方是什麼樣的風景呢？【照片12】是小野海岸超商裡所販售著工作鞋、工作手套和暖暖包的景象。商店位在【地圖4】中正上方的港灣幹道旁，早上有許多客人來買罐裝

照片 12

地圖 4
©OpenStreetMap contributors

咖啡和麵包，客人中有不少穿著工作服的男性。

這裡的商店僅此一家，所以販售的商品自然會因應在地需求而有多種類別。詢問後發現，光顧的客人有在倉庫工作的人、卡車司機，還有油漆工和修理貨物托盤等等的技術職。我坐在內用座位喝咖啡的時候，看到海上保安廳的機動救難隊員在買咖啡，他們的工作似乎是搭乘直升機去營救船難或海上漂流的受難者。

神戶市中心到海邊是可以徒步走到的距離，雖然大部分的人應該沒事不會踏進港灣一帶，不過如果想要瞭解別人的工作樣貌，你可以在這裡看到神戶特有的人生風景。

註

* 港灣人工島（ポートアイランド，Port Island）
* 港灣幹道（ハーバーハイウェイ）
* 小野海岸（小野浜）
* 兵庫碼頭（兵庫埠頭）

照片 13

6 鐵道貨運盛行的時代
站前有大片空地的理由

【照片13】是二〇一七年六月拍攝梅北二期工程的樣子，這裡前身是梅田列車調度場，是大阪僅存的一級地段。二〇一三年一期工程大阪商業大樓 Grand Front Osaka 完工後，換西側進行開發。

那麼為什麼會選在這個地點蓋列車調度場呢？它的功能又是什麼？許多人連這個都不清楚，就嚷嚷著要引進新產業和最先進的醫療技術，或著主張綠地也很重要。

大阪車站作為連結大阪到神戶路線的終點站，於一八七四年和神戶車站在同一天通車營運。當時車站設立在目前地點的偏西邊，有著少少民宅和大片田地的地方。最初貨物運輸的比例占多數，後來載送旅客的比例增加後，由於空間不足

照片 14

便在一九〇一年遷站至現在的地點。到這個時期為止，鐵路車站都維持著乘客和貨物運輸的兩種功能，負荷超載後便將兩者分開，也就是所謂的「客貨分離」。

一九二八年大阪車站的北邊新建了梅田車站，神戶車站的南邊則新建湊川車站，將貨物部門獨立出來。後來鐵路貨物部門雖成長起來，但高度經濟成長期汽車產業的興起，加上高速公路網使公路貨物運輸增加，和鐵路運輸形成競爭關係。這個時期日本國鐵相繼發生重大事故、運費上漲、罷工頻傳等事件，都讓貨物運輸的需求漸漸脫離對鐵路的依賴。

我在某個車站附近的咖啡店聽到以下這個故事：

> 一九七五年的罷工持續了一週，貨物擺了一個禮拜之後都爛掉了，這在現在是不可能發生的。這個車站平時大家都是和樂融融的樣子，一旦罷工都像變了一個人一樣。

這場奪回罷工權的抗爭發生時，政府增加了公路卡車運輸

照片 15

的運量，避免市場混亂。這件事情也證明了貨物運輸可以不需要依賴鐵路。後來國鐵的貨物部門縮編，湊町車站於一九八五年廢站，土地改建成神戶臨海樂園。而梅田貨運車站則是逐步縮小規模，最後於二〇一三年廢站。

開發方向取決於空地是泡沫經濟時的河岸地帶，還是二十一世紀的都心地段，這兩者會有很大的差異。

【照片14】走到大阪商業大樓 Grand Front Osaka 的北邊，會看到寫著「梅田車站原址」的紀念碑。以前是鐵路或車站的地方都會豎立這種車輪的紀念裝置，走在路上遇到的話，別忘了這背後都有一段故事。

鐵道貨運雖然隨著改善經營效率而逐漸式微，然而近年開始提倡運輸形式轉換，基於環境保護的意識，主張貨運應重新回歸可大量運輸、定時發車的鐵路。

【照片15】是大阪市東住吉區的百濟貨物總站，現在的貨物站已遷移到郊區。從天橋上可以觀賞到貨運業務的實際運作，對鐵路運輸迷來說是個絕佳景點。

註
* 奪回罷工權的抗爭（スト権スト）
* 神戸臨海樂園（HARBO Rland）
* 運輸形式轉換（Modal Shift）

照片 16

7 昔日的站前鬧區

隨著交通機能消逝沒落

【照片16】從山陽電鐵高砂車站往南走十分鐘，會看到這樣的景象——前方有圓環，後面有寺院，圓環中央豎立著車輪紀念碑。沒錯，這裡就是鐵路舊址。這裡曾經有國鐵高砂車站，一九一四年以播州鐵道的車站名義通車營運，到了一九四三年納入國鐵車站後，主要業務為貨運。當時為了運送工廠貨物，開闢許多專用路線連結到周邊工廠，直到一九八四年廢站。

【照片17】是高砂線的路線遺跡，道路一分為二，後方可以看到類似號誌的設備。右邊是國鐵的主路線，左邊則是連結工廠的路線。雖然現在變成徒步街道，但仍可以從號誌設備一窺昔日樣貌。高砂在江戶時代是運河沿岸港口的物流集散地。雖然大正時期轉型成工業都市後，貨物站周邊成為新的中心，然而隨著汽車普及，鐵路貨運的需求也大幅減少。

【照片18】國鐵高砂車站舊址的正前方是高砂銀座商店街，走進去可以看到現在還保有完整的商店街樣貌。為了振興地方，最近每個月會舉辦一次早餐市集。另一方面，一九七六年商店街和山陽高砂車站中間開了一家陽光購物中心。，然而自從二〇一五年西友超市撤櫃、接著兩年後全館閉館後，附近的購物機能即大幅衰退。

地圖 5
出處：國土地理院地圖　1:25000　「高砂」（昭和 42 年修正，昭和 44 年 8 月 30 日發行）部分站名為筆者補充。

照片 17

照片 18

註

* 早餐市集（朝ごはん市）
* 陽光購物中心（サンモール高砂）
* 山陽高砂車站（山陽高砂駅）
* 國鐵高砂車站（国鉄高砂駅）

照片 19

8 製造物流的新型態

倉庫和工廠設在交流道旁

【照片19】是京都府京田邊市六層樓高的巨大物流中心 PROLOGIS 京田邊，建築大到難以拍攝全景。圓弧狀的部分為坡道，方便大型拖車上下進出。【地圖6】可以看到它位於交流道的東邊，也在松井山手車站的徒步範圍內，交通位置極佳，其後方還有住宅區。除了方便運送貨物，還可利用交通優勢招募人才，吸引許多製造商和物流公司進駐。

最近連工廠也採用相同的選址策略。【地圖7】是在滋賀縣草津市的地圖，可以看到草津交流道周邊有松下電器，右方的岡本工業園區附近則有大金工業、住友精密工業等工廠聚集。

事實上，滋賀縣的製造業從業人口比例，是

地圖 6
©OpenStreetMap contributors

地圖 7
©OpenStreetMap contributors

日本全國第一（二〇一四年度比例為百分之三十五），這是我從草津車站附近的咖啡店老闆那兒聽說的。雖然應該多少有加油添醋，不過他是這麼說的：

很多工廠員工的家庭都住在車站前面的公寓，先生是工程師，太太則在食品工廠兼職，到了傍晚就一起搭著公司的接駁車回家。很多廠方會買下車站前面的公寓讓員工居住，這些白領大概五年就會輪調一次，……（中略）。在工廠工作要非常早起，我們星期天大概下午五點就會關店。也因為這裡有很多從事體力活的人，所以草津有很多拉麵和內臟類的店，好填飽他們的肚子。

如此一來，生產線、貨物集散地、作業員和公路運輸，全部安排在一個絕佳的地理位置。不過，工作時聽石田良子的歌的人似乎也越來越少了。

註
* 京田邊交流道（京田辺JCT）
* PROLOGIS 物流中心（プロロジスパーク）
* 松井山手車站（松井山手駅）
* 松下電器（パナソニック，Panasonic）
* 岡本工業園區（岡本工業団地）
* 草津交流道（草津JCT）

照片 20

9 工廠關廠和舊址活用

大片土地該如何利用

【照片20】是大阪府守口市大日車站前，此站是地下鐵谷町線、大阪單軌電車交會之處。可以看到AEON商場、電影院和三棟高樓大廈。這裡原本是三洋電機的工廠，主要生產生活家電，二〇〇一年關廠後將生產線移到東京。站前昔日「家電城下町」的面貌，搖身一變成為擁有大型綜合商業大樓、到大阪都心十分方便的住宅區。

受到經營環境改變和生產據點轉移的影響，以往的工廠用地在遷廠之後如何再利用，即使大面積的土地釋出，必須取決於當時的時代背景和機運，鮮少有自由開發的機會。關於這點我在住宅及災害的章節也會提到。

一九八〇年代的泡沫經濟時期，有很多外表

照片 21

光鮮亮麗的開發案，例如附設娛樂設施和飯店的商業大樓。近年來，雖然有人野心勃勃地想設立醫療和生物科技方面的研究機構及辦公室，不過大多數的開發基於現實面的考量，還是以住宅和商業大樓為主，同時吸引醫院和大學進駐。

說點題外話，美國製造業都市的復興，為當地創造了許多就業機會，醫療機關和成長型產業支撐了地方服務業，而提供優秀勞動力的大學影響力也不小。【照片21】是美國麻薩諸塞州劍橋市的肯德爾廣場，這裡曾經是製造業興盛的港灣區，沒落後轉型成匯集醫藥和IT產業的區域。鄰近有哈佛大學及麻省理工學院等世界知名的大學，就近提供優秀人才，產業也方便和大學合作研究計畫，有助於新社群的形成，是地方復興的重要關鍵。

專欄一　在和田岬的糖果店聽到的地方產業狀況

舉辦於兵庫縣和田岬的 Walkin' About 活動中，我在當地糖果店裡認識了一位三十幾歲的男人，以及對方同事的小學女兒。

三菱重工最近在建造潛艇，本體完成後海上自衛隊派了兩百五十名隊員，來到神戶監督安裝船內設備的艤裝作業，聽說得花上一年的時間。

有些人獨自前往，有人則是攜家帶眷。到隔年三月完工前，他們都必須住在艤裝員的員工宿舍。男性是從橫須賀來的，女孩則是從廣島的吳市來的。隨著工程進行，他們下一站準備前往長崎的佐世保市。

和田岬是擁有三菱重工、三菱電機的企業城，隨著造船主力移往長崎後，業務內容轉為核電相關。在三一一地震後核電停止運轉，便將開發能量改為投注在國產飛機計畫上。我之前在新聞上看到由於開發費的問題導致計畫停擺的消息，近幾年來地方經濟的支柱則是潛艇製造。

第4章

從服務業解讀

照片 1

1 街道旁的傳統生意

從交通一窺地方脈絡

【照片1】是神戸市中央區湊川神社的周邊風景，前方裝裱店的門簾寫著大大的「裱框、和室拉門、掛軸、日式雜貨」字樣，隔壁是傳統樂器店和佛壇店。店前方的多聞通是從前江戶時代的西國街道拓寬而來，一路上可看到許多這種歷史悠久的店家。

大阪市住之江區的安立中央商店街，過去曾是連接大阪與和歌山的紀州街道。【照片2】門口招牌寫著「川魚料理專門店」是其中一間店家，從燈籠上的「鰻」字來看應該是賣鰻魚的店（很遺憾已經結束營業）。其他還有寫著「鯽」的淡水魚店，現在大阪幾乎已經看不到有在販售鯽魚和鯉魚的店家。

照片 2

照片 3

街道上許多歷史悠久的店家，多半成是門口狹窄、內部深長的細長型建築，這種設計被稱為「鰻魚的睡鋪」——聽說是因為從前商人被課稅，計算方式是依門口的寬幅比例來決定。店面後的內部空間則是用來堆放帳簿、物料，同時是庫存管理和居住生活空間。

【照片3】是京都市伏見街道上的茶館，右邊店家採退縮的方式建造，凸顯出茶館空間的深度。從這些小細節能一窺這條主要道路，在那個沒有鐵路和汽車的年代的繁榮景象。

傳統工藝店家的存續可展現出文化深度，卻也令人擔心這些生意還能持續多久？現在的年輕人會去購買這些掛軸古畫或古琴嗎？要輔助這些店家，不只是從商業振興的角度，還必須提高到地方文化振興、城鎮發展的層級，建立整個地區的支援體制。

註—＊鰻魚的睡鋪（うなぎの寝床）

照片 4

2
餐飲化的商店街
機能齊全的商店街轉型餐飲服務業

【照片4】是大阪車站東邊的阪急東通商店街，或許有人會想說這有什麼特別的，重點就在於它已經不是原本的商店街了。

戰後全國各地設立的商店街裡，街上有洋服店、和服店、鞋店、帽子店、寢具店、五金行、書店、文具店、菸草店、酒行、茶鋪、藥局等等，隔壁就緊鄰著鮮魚店、肉品店、蔬菜店、豆腐店、醬菜店等食材的市場，等於商店街區域提供了生活中的一切所需。

然而隨著超市、便利商店和購物中心如雨後春筍般出現後，這些原本在商店街販售生活所需的店家陸續倒閉，有人潮的位置就由餐廳、酒館、理髮店、醫院、補習班等連鎖店取代。尤其曾經

照片 5

繁榮的商店街的店面坪數大，保證金高，比起個人經商，連鎖店較有能力負擔租金。失去人潮的商店街，幾乎是一整排的鐵捲門，空空蕩蕩。不過全國各地仍有不少商店街保留著原本的樣貌。

有趣的是，那種規模不大、仍有營業的商店街店家，在隨著店主退休而陸續結束營業後，通常會租給小本經營的生意人。除了店面規模適合之外，也有一定程度的人潮保證，也算是一種創業支援。

【照片5】是大阪市北區中崎町附近的天五中崎商店街，十幾年前的鞋店和帽子店都還在，可以見識到昔日完整的購物機能。不過隨著年輕人經營的餐廳越開越多，商店街的面貌也慢慢跟著時代改變。

照片 6

3 購物中心的變遷

隨著需求和法律變動的商業活動

【照片6】是兵庫縣尼崎市阪急塚口車站南側購物中心 Sun Sun Town 三館中的和菓子店，是二〇一七年秋天在閉館前舉辦 Walkin' About 時拍攝。

【照片7】中是 Sun Sun Town，其設立源自一九七八年的《都市更新計畫》，在那之前車站南邊有電影院、商店街和高爾夫球練習場，站前公車轉乘處和計程車招呼站的位置極為狹窄雜亂，因此計畫設計一個大型轉乘廣場，並且在周圍蓋三棟住商混合的大樓。以大榮超市為主要店鋪，再引進餐廳、零售業者、電影院，這在當時是很新穎的想法。

【照片8】是昔日站前的照片，是 Walkin' About 活動舉辦時前往參觀三館，當時館內正在展

照片 7

照片 8
Sun Sun Town 展示照片（2017 年 10 月 28 日拍攝）

示的。可以看到和菓子店從前在商店街裡的樣子。像這樣用確保店面所有權的方式去說服店家，是都市更新計畫的做法。

【照片 9】是近郊型的複合商場 TSUKASHIN，於一九八五年在距離塚口車站東北方一公里的日本郡開設，其原址是 GUNZE 紡織工廠舊址。這座購物城實踐了季節集團創辦人堤清二所提倡的社區營造理念，以西武百貨為核心，結合購物中心、美食街和電影院，在當時蔚為風潮。

二〇〇二年在鄰近城鎮的JR伊丹車站附近、位在東陽輪胎的舊址上，一家占地五公頃的商場 Diamond City（現在的 AEON 伊丹）開幕。二〇〇〇年在廢除保護中小型店家的《大型零售店法（大店法）》後，為了促進大型店鋪與區域融合，改制訂出《大型零售商店選址法（大店立地法）》，並催生出這種大型購物中心。

後來 TSUKASHIN 的管理階層出問題，二〇〇四年西武百貨撤櫃，經營主體轉移給土地所有權人的 GUNZE 郡是公司，發展以「平和堂」超市為核心店鋪，除擴大店面坪數，更挖掘出天然溫泉等等的翻新工程。實際去了之後發現有很多騎腳踏

地圖 1
©OpenStreetMap contributors

照片 9

車來的客人，想必商場有意經營在地客群來延長賣場壽命。

另一方面，二〇〇〇年以後全國各地開設大型購物中心，導致市中心商家生意衰退，因此二〇〇六年的「都市發展三法」修法後，原則上禁止郊區開設大型商業設施。

站前商家和郊外大型零售店的關係就像蹺蹺板，在消費者需求和法律制度面之間搖擺不定。再加上高齡化的考量，可徒步購物的車站站前商圈，重新受到重視。Sun Sun Town 三館的大榮超市在閉館後，重新以「AEON Food Style」的新面貌搬到一館，其中便可看到因應環境變化調整的策略。

身處複雜的時代潮流中，這家和菓子店在 Sun Sun Town 三館閉館的同時也結束營業。雖然他們的工廠就在附近，不過甜點師傅年事已高不適合再繼續工作。最後我吃了一個栗子饅頭，口感綿密細緻。

註

* TSUKASHIN（つかしん）
* Sun Sun Town（さんさんタウン）
* 季節集團（セゾングループ）
* 都市發展三法（まちづくり3法）——（編註）分別為土地使用法規的《都市計畫法（都市計画法）》；支持振興城中區域的《城中市街振興法（中心市街地活性化法）》；設置建立大型購物中心開業時與地區的協調機制《大型零售商店選址法（大規模小売店舗立地法，簡稱大店立地法）》
* 《大型零售店法（大規模小売店舗法，簡稱大店法）》

照片 10

4 地方上不可或缺的店家

從商業了解城市樣貌

【照片10】是兵庫縣東南邊川西市畦野的國道旁餐廳，入口寫著「高爾夫球賽宴會十位，每位千圓起」。查了一下原來周邊有幾十座高爾夫球場，而這家店就位在球場出來後回程必經的道路旁，從【地圖2】看像是一個形似小鋼珠機台下方出口的位置，所以餐廳服務運動結束後的聚餐和宴會，也是可以預期的需求。

【照片11】是一家食品雜貨店，位於京都河原町的不遠處，四條木屋町再往北走一段距離的地方。店裡有製作販售各種熟食及便當，架上排滿下酒零食和多達兩百五十種的香菸，還有賣冰塊、檸檬、萊姆、葡萄柚、紫蘇葉、餅乾、撲克牌、花牌、收據等等，全部都是附近酒館和夜店

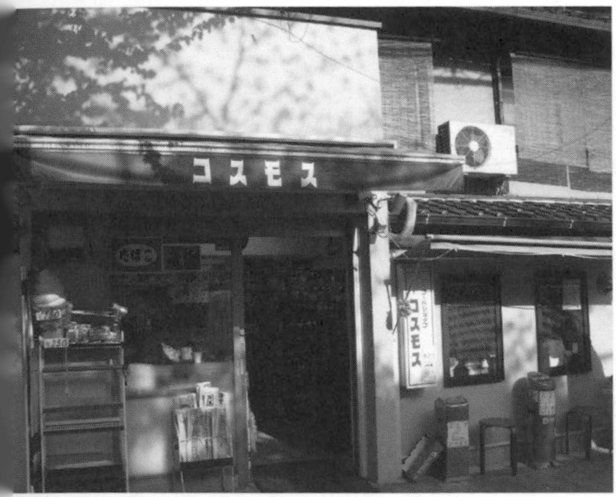

照片 11

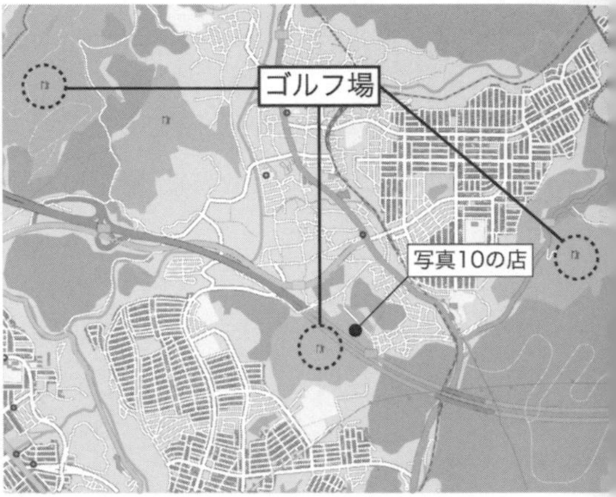

地圖 2
©OpenStreetMap contributors

需要的品項，只要缺什麼東西都可以立刻飛奔來買。這家店是四十幾年前開張的。當初老闆站在路旁觀察經過的行人，想像他們可能會需要的商品，並全部陳列出來，就變成了現在看到的樣子。雖然外表並不光鮮亮麗，卻精準滿足了地方需求。

當我們去探訪這種身為地方經濟一環的店家，經常會看到表面上不易察覺的城市另一面，Walkin' About 現在正悄悄興起一股尋找「必要商店」的風潮。

註
* 高爾夫球場（ゴルフ場）
* 照片10的店家（写真10の店）

地圖 3
©OpenStreetMap contributors

5 同鄉社群的店家
認識移民和城鎮歷史

兵庫兵庫縣尼崎市有一座河島「戶之內」，是被豬名川、舊豬名川、神崎川所圍繞，島上有家叫做 YORIMICHI 的沖繩料理店。老闆娘出身於沖繩本島的本部町，經營這家店已將近四十年。大阪的大正區是知名的沖繩社區，而戶之內這裡也有小規模的沖繩社群。

沖繩出身的居民是在一九三〇、一九三一年開始定居在戶之內。第一次世界大戰後的不景氣及黑糖價格暴跌，在沖繩引發人稱「蘇鐵地獄」的饑荒，人們拿蘇鐵樹當食物吃因此中毒身亡。許多人為了尋找工作機會移居到大阪、神戶和兩地之間的地區，有人在西成區養雞，有人在西淀川區製造煤粉——蜂窩煤的材料和備長炭，因為

照片 12

受到鄰居的投訴而被迫遷移到河島的尾端。後來陸續有親人朋友來投靠，就這樣形成了沖繩人的社區。

【照片12】戶之內地區在每年的舊曆盂蘭盆節，都會舉辦道路遊行，民俗團體琉鼓會的年輕人們一邊祈求祖靈能返回另一個世界，一邊跳著沖繩傳統民俗舞蹈哎薩的舞步、打著太鼓，繞著住家和公司遊行，靜悄悄的街道會在此時湧出平時看不到的人潮。

像這種「同鄉社群的店」也是一種「必要商店」，實際走一趟了解他們來到這裡的理由、做過什麼樣的工作、想傳承什麼樣的風俗習慣等等，會聽到很多有意思的故事。

【照片13】是一家賣清真食品的雜貨店，位在神戶北野的穆斯林清真寺前面，店裡陳列著香料、肉品、飲料和乾燥食品。因為 Walkin' About 的緣故踏進店裡時，看到一位戴著頭巾、穿著草莓圖樣圍裙，宛如一尊俄羅斯娃娃的女生。試著搭話後她用非常流利的日文回話，似乎是日本和印尼的混血兒。原本以日本女生姿態生活的她，皈依伊斯蘭教後因緣際會下開始在

照片 13

這家店工作。

我是在兩年前才開始戴頭巾的，戴著頭巾會有「神與我同在」的安心感。之前曾經在齋戒月結束後，有到對面的清真寺參加開齋節，但那時不是為了信仰而來，現在在這裡過著有神陪伴的生活非常幸福。

一八六七年神戶開港以來，來自世界各國的人們將各自的文化、宗教和風俗習慣一起帶進來。尤其是北野周邊除了神社和佛教寺院，還可看到穆斯林清真寺、耆那教寺廟、錫克教寺廟、猶太會堂、基督新教浸信會、天主教會、東正教會，以及祭拜關羽的關帝廟。雖然我還沒去過，聽說往北野北邊再度山的途中，有一家華僑和印度人愛去的茶館。這些能接觸文化多樣性的地方，足以顯示神戶的文化深度。

照片 14

【照片14】是美國切爾西市舊市區的街角景觀，可以看到墨西哥、薩爾瓦多和瓜地馬拉的店家，這些店家很多都是開在有自己族群的社區裡。像切爾西市這些鄰近波士頓的城市，有許多不同族裔群居的區域，包括亞裔、西班牙裔、歐裔、猶太裔和非裔美國人。儘管他們跨過國界來到美國是為了追求安全、自由的生活，卻被語言的隔閡、經濟能力的落差和種族歧視隔絕在外，只能群居在移民社區齊心協力地活下去。這樣的現實也存在於日本，往後日本若是越依賴外國的勞動力，這樣的問題越會突顯。

實際走一趟認識當地的文化多樣性，其實是避免社會分化的重要行動。

註

* 蘇鐵地獄（ソテツ地獄）
* 道路遊行（道じゅねー）
* 吠薩（エイサー）
* 豬名川（猪名川）
* 舊豬名川（旧猪名川）

照片 15

6 因應高齡化的生意
便利商店也是公共設施的一種

【照片15】的便利商店於二〇一四年開業，是位在大阪市東淀川區、阪急京都線相川車站再往東走，前往井高野住宅團地途中的商店街裡。聽附近大阪燒店的老闆說，這件事是最近社區裡的熱門話題。雖然之前曾經有一家超市，不過隨著社區人口老化，既能購物又能辦ATM轉帳的超商更受青睞。人活到了七、八十歲，身體開始不聽使喚，行動範圍越來越限縮。能一次滿足購物和辦事需求，還能幫忙配送貨物的超商，對年長者的幫助一定很大吧。

【照片16】道路盡頭有一家超商，位在兵庫縣尼崎市戶之內地區，在幾年前開業。自從幾十年前的超市停業後，居民買東西必須搭公車跨過

照片 16

照片 17

一條河到阪急園田車站，對老年人來說是極為沉重的負擔，因此超商開張真的是可喜可賀。

這幾年有許多照護從業人員加盟超商販售醫藥品，與地方政府簽署協定參與年長者的生活支援、開設行動超商等等，增加了許多以老人為對象的服務項目，商業的地區據點也開始扮演起公共服務的角色。

仔細觀察就可以從不同面向去發現城市的高齡化跡象。

【照片17】是大阪府河內長野市南花台新市鎮的超商，大約在十年前開業。可以看到店的入口處擺著供奉在墓前或佛壇的菊花，這裡可能有不少喪偶或親人過世的獨居老人。

就像前幾章提到的港口超商，不同地區的超商有著不同面貌，只要詳加觀察就會有許多發現，如果有超商就能解決許多問題。我們在思考社區現狀的時候，能夠觀察到老人很多、但卻連一家超商或超市都沒有，這樣的敏銳度也是很重要。

照片 18

7 做外國觀光客的生意

因為觀光收入產生劇烈轉變的市場和商店街

【照片18】是大阪南區黑門市場中的風景，店內陳列著盒裝握壽司和生魚片，標示上寫著日文、中文和羅馬拼音，右邊鮪魚、鮭魚、鮭魚卵和海膽的握壽司標價為四千八百日圓。店家瞄準中國觀光客的需求，而提供內用服務。

在戰前的黑門市場好比是大阪南區的廚房，深受庶民喜愛，也是長年為南區餐廳供應食材的傳統市場。幾年前商店街振興協會主打「美食散策」的行銷策略奏效，外國觀光客開始大量湧入，其他販售鮮蝦、螃蟹和高級水果的店家也因此生意興隆。

二〇〇三年訪日外國觀光客的人數大約為五百萬人，然而到了二〇一八年已超過三千萬人。

照片 19

其中以亞洲觀光客居多，走在大阪南區的路上，身旁幾乎都是說中文和韓文的人。

【照片19】是兩〇一八年底大阪心齋橋商店街的樣子，藥妝店擠滿了人，店內有許多中國人店員在服務購買大量藥妝品的中國觀光客，聽說很多觀光客和留學生都是受託去店裡代購的。兩公里長的商店街就開了四十家左右的藥妝店，租金貴的地點現在已經漲到每月每坪三十萬日圓左右，這對月租三萬圓才勉強有些盈餘的餐飲業、月租七至八萬圓的服飾業來說根本無法在這裡展店。從城市永續性的觀點來看，目前的南區處在一個非常危險的平衡點上。

照片 20

8 為滿足旅客需求的建設

四處充斥旅館的時代

二〇一八年春天 Walkin' About 在 JR 京都車站周邊舉辦時，車站北邊的旅館開發預定地正在進行地底文物的挖掘調查。根據《文化財保護法》，欲開發可能有文化遺址的土地必須申請開發許可。若是開發的過程中發現文物遺址，不可隨意處置，須向文化廳提出申請。因此開發需負擔挖掘調查的作業、時間和資金的成本，萬一有重大發現，工期還有延長的可能。即使必須承擔風險也要進行開發，就表示開發必然有其誘因。

【照片21】是東本願寺北邊烏丸通上的甘樂飯店，這裡曾經是代代木研討補習班，從京都車站走路十二分鐘的距離，是一個還不錯的地理位置。二〇一八年為了滿足與日俱增的外國觀光客

照片 21

照片 22

需求，京都車站周邊正加緊腳步新建旅館。除了市長主張的「還缺一萬間房間」之外，為了迎接二〇二〇年東京奧運京都也興起一股開發風潮，旅館多到有人質疑是否會供給過剩。為了保護歷史景觀，京都對市內建築物的高度加以限制。不過車站南邊的限制相對寬鬆，也因為交通方便，成為飯店業大興土木的區域。

【照片22】是京都車站南邊住宅區轉為民宿經營的房子，努力因應住宿需求的不只有大企業，二〇一八年六月《民宿事業法》施行後，住宅只要滿足特定條件，便可為觀光客和商務人士提供住宿服務，因此無論企業或個人都致力於經營旅宿。

人們想定居或造訪的城市，都會面臨一定的開發壓力，其後果即是所謂的都市仕紳化，讓長年住在當地的居民因為地價和房租上漲而無法繼續居住。雖然京都接待旅客的基礎設施已趨完善，卻也出現了都市仕紳化的跡象。

註
* 仕紳化（Gentrification）
* 民宿事業法（住宅宿泊事業法，又稱民泊新法）

照片 23

9 被租金左右的街景

充斥連鎖店的街景有改變的可能嗎

【照片23】是東京神田車站前的租用大樓，這裡的店家幾乎都是連鎖型超商、咖啡店和居酒屋，是常見的站前風景。仔細看看招牌，最上層有一家和大樓同名、經營銅和鋁製品的公司，可能是原先一樓的工廠或貿易公司改建的時候，利用地利之便順勢轉型成租用大樓吧。

隨著人潮聚集的站前租金上漲，個人經營的店家慢慢被較能負擔租金的連鎖店取代，車站站前全都變成同一個模樣。美國社會學家雷・歐登博格在著作《第三場所》中指出，以往人們溫馨交流的咖啡店、居酒屋和理髮院，正漸漸被不重視個人個性的「非場所」取代，例如多數日本車站前的景色變化之大，絲毫看不出昔日的景象

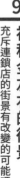

照片 24

（請參考在第四章第三單元中 Sun Sun Town 落成的商店街照片）。

【照片24】的大樓位於大阪府大東市住道車站站前，是俗稱的「小額融資大樓」，這樣的招牌隨處可見，不過為什麼這種個人信貸的業者都會集中在同一棟大樓呢？查了一下才知道，這種做個人信貸的生意對房東或其他商家來說觀感不佳，很少大樓會出租辦公室給他們。後來消費金融公司 ACOM 在一九九三年推出自動櫃員機，節省不少空間。也因為機台體積不大，剛好適合放在站前用途十分侷限的狹長大樓裡。加上相同業種集中在同一區的集客效果較佳，也方便借款人調度資金。不過近幾年因修法導致經營環境惡化、小額融資大樓的自主規範、以及大型銀行整合和電子化的影響，實體店持續減少當中。

註

* 雷・歐登博格（Ray Oldenburg）
* 《第三場所（*Third Place*）》
* 非場所（Non-Place）
* 小額融資大樓（サラ金ビル）

照片 25

10 路邊拉客
如何守護城市免於荒廢

【照片25】的場景是大阪的宗右衛門町，這裡四處可以看到「無料案內所」——日本的風俗店導覽介紹所的招牌。他們的營運模式是把客人送到酒店、男公關店和風俗店後，再向店家收取介紹費。二〇〇一年《不當攬客防止條例》通過後，禁止商家在街上拉客，這種案內所便應運而生。然而走在路上依然碰到很多拉皮條的。花俏的招牌、氣球和電子看板構成一幅暗巷風景。

以下是我在東京上野的仲町通的巷內酒館聽到這段故事：

這一帶的房租最近漲得不像話，動不動就喊到六十萬、八十萬，普通的商家根本付不起，

照片 26

很多在這裡做很久的生意人都把店收起來了。最近拉皮條的變得很猖獗。原本這一帶的土地持有人是日本人，後來繼承時把產權賣給了不動產商，不動產商再轉賣給外國人，現在房地產的持有人幾乎都是外國人。

我走在仲町通上，街角傳來廣播的呼籲民眾不要理會路上的拉客，否則會被收取高額費用。街上也有警察在叮嚀，不過這些皮條客似乎都當耳邊風一般依然故我。

沒有住在當地的打算、不以長遠的眼光思考如何讓城市永續，屋主買房純粹是為了投資。漫天開價的房租伴隨而來的是逐漸荒廢的城市，很遺憾的這就是我看到的現狀，經濟活動活躍的地區難免會吸引利用極端形式追求經濟合理性的人。

我在閃爍的霓虹燈中，思考著如何讓城市風景免於皮條客的侵害。

註—* 不當攬客防止條例（ぼったくり防止条例）

西宮批發市場（攝影：西宮流）

專欄一在西宮批發市場的咖啡店聽到的生意

在西宮批發市場的角落，有一家開業五十多年的咖啡店，見證批發市場變遷的老闆和我們分享了這段故事：

以前市場裡大概有一百二十家批發商，現在剩三十家左右。生意還是繼續做，不過，很多人是因為沒有下一代接手，就把生意收起來了。

以前批貨的人也好多啊，現在都只有超市的採購一個人來批。以前零售店很多，批貨的時候我們周圍都熱鬧的咧！早上四、五點來批貨，早餐就在市場裡解決，最近似乎回去還有時間吃飯，所以在市場用餐的客人也變少了。

以前因為沒有冰箱，進貨的蔬菜當天沒賣完的話只能賠錢。因此評估什麼時間點要降價求售，就是各家的本事。批貨也一樣，為了該在什麼時間點購買，買賣雙方每天都在上演激烈的交涉戲碼。當時還有阿婆專門買特價蔬菜來製作醬菜，還賺了不少呢。那個時代就算沒有念書的頭腦，只要有做生意的頭腦就可以做大事業的。

現在大阪和神戶的市場進貨是用憑證管理。價格調降之後只要秀憑證給買家證明「沒辦法再更便宜了」，變成這種議價形式。不然以前大家都照自己的意思做，其實還滿有意思的，現在比較少人會亂來了。

「早起的鳥兒有蟲吃」是真的，早點來買完就會知道今天供量不夠可能會漲價，這樣子先批貨的店家就可以賣得比其他店便宜，生意更好。

「再便宜一點」、「沒辦法更便宜了」，批發商和零售商討價還價總是有談不攏的時候，這時候買家會說「那我用多少錢跟你買，你幫我放十箱到車上」，說完就離開，但這並不代表成交。買完其他東西之後，回去如果看到車上有十箱貨物就代表成交，沒有東西就代表破局。

長期觀察社會百態的老闆，將社會是如何精簡並如何影響人們的思想都看得很透徹，帶給我看待現今社會的新觀點。

第5章

從住家解讀

照片1

1 鐵道業者開發的郊外住宅區

小林一三模式催生的景觀

【照片1】是大阪府藤井寺市的春日丘住宅區，可以看到精緻的日式房屋、松木和鋪排瓦片的外牆。住家門前有一條筆直的道路，是有計畫性通過的。

【地圖1】是一九二九年的地圖，看看近鐵藤井寺站西邊有一條往西南方向斜斜延伸的馬路，盡頭有一座棒球場是藤井寺球場，遠一點還有一個名為教材園的自然體驗園區。春日丘就位在這條馬路下方、道路縱橫交錯的區域。

負責開發藤井寺站周邊的是大阪鐵道（現在的近鐵南大阪線），在一九二〇年代後期根據「藤井寺經營地計畫」開發的住宅區，有包含自來水管、下水道、商店、旅館、幼稚園等等的生活設

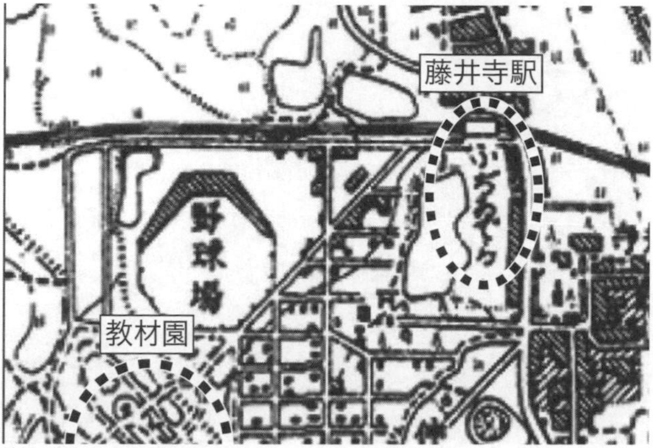

地圖 1
出處：國土地理院地圖　1:25000　「古市」（昭和 4 年修正，昭和 7 年 9 月 30 日發行）
方框內的文字為筆者補充

施，以及棒球場等運動場地。

【照片2】是兵庫縣西宮市濱甲子園的私人住宅，日式的基調、窗戶卻是西洋風格，十分有趣。這棟住宅由阪神電鐵開發，是一九三一年完工的「濱甲子園健康住宅地」的一部分。其實這張照片是二〇一五年拍的，那之後又經過改建，房子現在已經不在了。

我稍後也會提到，甲子園所在地原本是武庫川的支流枝川和申川的流經之處，兩條支流後來隨著武庫川工程一併荒廢，由阪神電氣鐵道將舊址開發成住宅區和休閒風景區。住宅區旁邊有大運動場——就是後來的甲子園球場、甲子園濱海水浴場、甲子園遊樂園區等等的娛樂設施。

事實上參與藤井寺和甲子園開發的人，是一位名叫大屋靈城的造園家暨都市計畫師。他在一九二一年耗時一年遠赴歐洲視察英國和德國的郊區和田園都市後，提出「花園都市（後稱花苑都市）」的郊外住宅區計畫，大阪鐵道和阪神電鐵就是以這個計畫為基礎進行開發。

照片 2

鐵路公司參與郊區開發的著名範本，是阪急電鐵的創辦人小林一三——為了刺激旅客搭乘鐵路的需求，除了在轉運站開設百貨公司之外，也在郊區建蓋棒球場、歌劇院和溫泉等休閒設施，同時開發住宅區和別墅區。不只作為鐵道業者，更以都市開發者的角色參與開發，這種確保穩定客源的商業模式被稱為「小林一三模式」，是民營鐵路公司多角化經營的先驅。

田園都市的提倡者英國都市學家埃比尼澤・霍華德，原先描繪的願景是郊區除了住宅之外，還有工廠和辦公室，實踐職場和住家相鄰的生活型態，雖然現實中的田園都市就只是單純的郊外住宅區而已，而日本田園都市的獨特之處就在於由鐵路公司開發。鐵路公司經營不動產和遊樂園的多角化模式在美國城際電車業界也看得到，而且鐵道沿線的住宅地都由鐵道公司開發。不過美國汽車普及的時間比日本還早，加上國土面積大導致城際電車沒落，郊區居民還是以開車通勤為主。

美國現在興起以大眾運輸導向發展的 TOD 行動，是為了因應市中心地價上漲的問題而提高交通便利性，並在郊區車站周邊進行住宅區開發。日本的鐵道公司身兼住宅建商的情形已十分普遍，可以說日本大都市近郊早已完成了 TOD 行動。日本城市之所以不容易仕紳化的原因就在於，相對便宜的郊外住宅區都有便利的大眾運輸連結到市中心（當然人口減少釋出不少空屋也是重要原因）。講到這裡不禁再次感謝小林一三先生的偉大貢獻。

註

* 藤井寺車站（藤井寺駅）
* 埃比尼澤・霍華德（Ebenezer Howard）
* 城際電車（Interurban）
* 大眾運輸導向發展 TOD 行動（Transit Oriented Development）

小林一三模式（小林一三モデル）

照片 3

2 戰後興建的木造住宅

人口激增和住宅短缺催生的密集住宅地

【照片3】是大阪府門真市石原町的文化住宅，在關西地區這種兩層樓的木造租屋稱為「文化住宅」。同樣是兩層樓，但是玄關、廁所、廚房和陽台共用，則被稱為「木造出租套房」。房屋名稱取為「〇〇莊」的就是木造套房，有獨立玄關的則為文化住宅。

許多文化住宅和木造套房都是在一九五五年前後蓋的，原因是很多房子在戰時付之一炬，戰後住房不足人口遽增，新建公宅仍供不應求。再加上一九五〇年韓戰爆發帶動重化學工業蓬勃發展，大量勞動人口從地方流入，這也是文化住宅如雨後春筍般冒出的原因，裡面住著工廠勞工，還有新市鎮、地鐵、高速公路、大阪萬博等建設

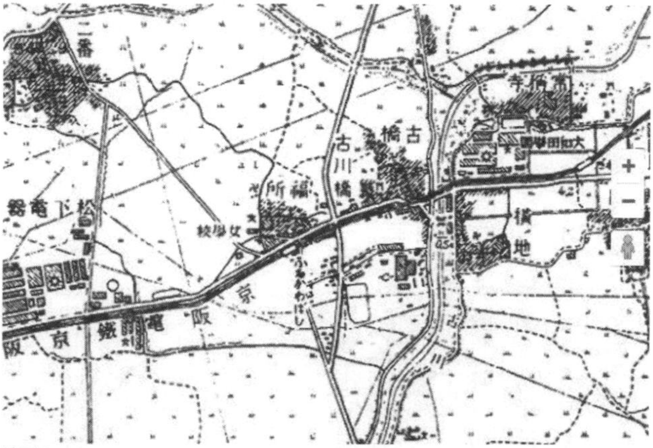

地圖 2
出處：國土地理院地圖大阪東北部（昭和 32 年修正，昭和 32 年 4 月 30 日發行）

工地的工人們。

大阪近郊的文化住宅集中在門真、寢屋川、豐中市庄内地區，大多都是由低地農業用地轉成的居住用地。從一九五七年的這份【地圖2】，看看在古川橋文字的左斜上方位置，這裡是石原町，原先是古川支流流經的低沼澤區域，幾乎沒什麼房子。之後石原町蓋了超過三百棟文化住宅，成為日本數一數二的人口密集區域，由此便可看出其房子興建的速度。

蓋這些文化住宅的大多是中小型工程承包商，很多房東只零星經營幾家租屋。戰後的農地改革使地主失去土地，由小農接手而讓土地所有權分散，這些人獲得的土地並非祖先代代相傳下來的。他們在房源不足、地價上漲時，趁機蓋房子出租牟利，這就是文化住宅的興建背景。

世界各地的都市都有勞工和低所得者集中的區域「貧民窟」，其特徵為房子品質低劣、衛生條件不佳，還有馬路、上下水道、電力等基礎建設不全。他們的不動產不是合法取得的，且沒有受到社會福利適當的照顧。窮人群居於此，犯罪事件頻傳，不是安全的生活環境。沒有完整的都市開發計畫，個別自行開發的結果就會產生難以收拾的嚴重問題（例如在巴西聖保羅和印度孟買的貧民窟）。

日本雖然慢了幾拍，但已經跟上腳步制定相關法律，更新有安全疑慮的住宅，抑制問題進一步的惡化。這種區域稱為「木造密集住宅地」，是火災、地震時發生災害的高風險區，改善其現狀應是政府的優先事項。

石原町大阪燒店的老闆跟我們說過這個故事：

這一帶全部都是文化住宅，住了很多來自四國和九州的人，很多都是做工的人，有水泥工、汽車回收場等等。雖然沒有浴室，但因為房租很便宜，他們才能常常來喝酒，我們前面這一條商店街可熱鬧的咧！

之前這一帶前後的房子都是文化住宅，因為火災燒掉了，都是漏電。四十多年前蓋的時候還沒有那麼多電器用品，之後都用延長線來插電。老房子老鼠多、會咬電線，才會發生火災。這邊路這麼窄，消防車也進不來，只能眼睜睜看著它發生。但因救火而潑水後，整遍房子變得溼答答而只能重建。反正是出租的，請房客搬走就好了。

註
＊木造出租套房（木賃アパート）
＊戰時（戰時）——（編註）第二次大戰時期

照片 4

3 新市鎮的開發地點
舊城區再生是新的挑戰

【照片4】是兵庫縣川西市的大和住宅團地，從北邊拍攝的樣子，能勢電鐵的電車沿著山腳奔馳，前方還保留著梯田的景色。大和住宅團地是一九六〇年代後期，開發丘陵地而建設的獨棟住宅新市鎮。

【照片5】乍看之下是很普通的森林，重點在於這裡種的是竹子和赤松，而且是位於大阪千里新市鎮的中心。從【地圖3】來看，這座位於千里東町公園中的森林是南邊上新田村落的「入會地」，也就是村民們共同管理、利用的土地。這個公園的三分之一被竹林覆蓋，在此採集的竹材是村落居民共用的財產，而赤松在過去很常作為燃料使用。

地圖 3
©OpenStreetMap contributors

照片 5

丘陵地的里山過去負責供應村裡農作所需的材料、燃料和肥料。一九五五年後化石燃料和化肥逐漸普及，里山的重要性降低，後來便開發成住宅區的休閒設施。

【照片6】是大阪市東淀川區井高野，以公宅為中心的住宅團地群。這裡並非丘陵地，而是由安威川和神崎川兩條河川圍繞的農地開發而成。從前方有防汛倉庫看起來，這裡有遭受洪水侵襲的風險。

東淀川區擁有一萬兩千戶市營住宅，大部分集中在高野、北江口、南江口等區域。大阪市的戰後人口數在一九六五年達到三百一十五萬人的高峰，這些就是為了解決當時住宅匱乏問題興建的住宅區。

這些地方為了開發成住宅區，將道路、河川、公園・綠地、下水道等都市建設一併整頓完成，往都心的交通也開闢了新的鐵路和公車路線。能夠進行這種有計畫的大規模開發，都是離都心有段距離的未開發區域。然而許多有良好居住環境的新市鎮，在四十年後也面臨了房屋老化和居民高齡

照片7

照片6

化的問題。特別是那些同時間點開發、住著同世代居民的新市鎮，透過世代交替來確保社區存續已經是迫在眉睫的課題。

【照片7】是目前千里新市鎮・新千里東地區的景色，是用公宅重建時剩下的土地新建民營公寓。二〇〇〇年以後大量育兒家庭隨著這波房屋新建的潮流遷入，因此高齡化率僅有百分之三十。地區的生活機能方便與否、能否吸引年輕人都是社區世代交替的關鍵。

照片 8

4 高層林立的都心
房屋高樓化的由來

【照片8】是東京佃島仍保留著漁村脈絡的下町風景，後方有高層公寓林立，看到這個畫面應該也會浮現「為何這裡能成功開發？」的疑問吧。

這是從佃島住吉神社附近往北望去的景色，【地圖4】中公寓南邊的石川島紀念醫院，名稱來自這一帶過去是石川島播磨重工業的造船廠。一九七九年造船廠搬遷，一九九〇年代就在原地蓋建高層公寓「River City 21」，為東京第一棟在河岸開發的高層公寓。

日本的高層公寓在一九七〇年代興起，東京椎名町和埼玉縣的與野市等地蓋起了二十層樓左右的高樓，證明高樓的技術可行。當時嶄新的外

照片 9

地圖 4
©OpenStreetMap contributors

觀和設備雖蔚為話題，然而容積率和日照權等問題，加上適合開發的土地不足，並沒有馬上造成流行。

順帶一提，日本中高層樓的公寓大廈是一九五〇年代開始出現。一九六二年《建築區分所有法》成立，加上住宅金融公庫確立了大廈的融資制度，在法律和經濟面都到位的情況下，公寓大廈開始普及。

【照片9】是關西地區第一棟民營公寓「MEZON西宮」，建於一九六四年兵庫縣西宮市丸橋町。換句話說，目前現存的公寓幾乎都是在一九六五年以後，因為有合適的土地面積或是空地才得以興建。

【照片10】是大阪梅田的高層公寓，日本開啟高層公寓建設風潮的契機是一九九七年修訂的《建築基準法》，大幅放寬日照權和容積率的規定，走廊和電梯面積不再納入容積率的計算，建設高層公寓的條件可說是已完備。加上泡沫經濟破滅後，東京都心的土地價格下跌，政府和企業的閒置土地釋出，以及處分不良債券抵押的土地等等，大量流通的土

照片 10

地促使建案短時間內快速發展。這種因都心房源充足，而再次吸引人口流入的現象，被稱為「都心回歸」。

都心高層公寓的買家，有一定的比例是以投資為目的，或者作為備用住處。有些房子如果在購買後出租還會有人住，但其餘那些等待時機轉賣或是偶爾住一下的房子平時是沒有人的，說不定屋主根本不在日本，所以也不用提什麼城市發展。美國紐約市中心也有一些價值數百萬美元的豪宅公寓，晚上經過時會發現很多房子都沒有燈光。不知道這種現象未來會怎麼發展，我認為需要持續關注。

註

* 高層公寓（Tower Mansion）

* 大川端 River City 21（大川端リバーシティ 21）

照片 11

5 選擇站前的居所

轉賣價值成關鍵

【照片11】是JR南草津站前的密集公寓群，這裡從前是蓄水池，一九九四年立命館大學琵琶湖・草津校區成立的同時，也設立了車站，二〇一一年新快速列車開始在此停靠。為了服務眾多學生和大學職員，交通機能越來越方便。此處被劃入大阪通勤圈後開發壓力倍增，催生出現在看到的風景。

以前說到在滋賀買房，都是那種大片土地上的獨立住宅。現在雙薪家庭越來越多，節省通勤時間的站前公寓就成了實際的選擇。

【照片12】是本書出場好幾次的兵庫縣高砂市山陽電鐵高砂車站的站前，寬敞的圓環迴轉道以及掛著舊招牌的建築——只有正面是防火素材

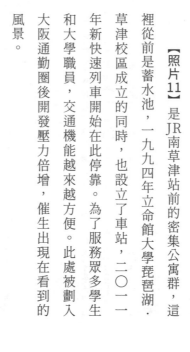

照片 12

照片 13

裝飾的木造店鋪兼住家。這樣的風景大概已經維持了幾十年了吧，顯示出這個城鎮並沒有承受開發壓力，「能不能被購屋者相中」竟會如此左右著城鎮的樣貌。當然有沒有「轉賣價值」也是買家考量的重點之一。

【照片13】的房子是阪急不動產GEO，位於大阪北邊的衛星城市高槻市JR高槻車站的北側，順帶一提這裡曾是GS YUASA電池集團的工廠舊址。車站附近的咖啡店老闆跟我們說了一些關於這棟公寓的事情：

那棟公寓的買家很多都是有錢的老人家，他們住在日吉台、山手一帶的獨立住宅，因為身體狀況沒辦法再住下去，就搬到這裡來。有些人還住在原本的地方，只是趁著還有空房的時候先買下來；有些人則是因為排斥旁邊有醫院就把房子賣了，之後遲遲沒有空房釋出只能繼續住在原本的地方。

現在的年輕人已經會考量到年紀大了之後，沒法繼續住在得搭公車到市區的郊外。而且現在買房的人也很重視轉賣的價值，買的房子能不能賣到好價錢，以前用六千萬買的獨棟房子，現在只值三千萬，但是車站前面的公寓卻反而增值了，過了幾年工作輪調得賣房子的時候，也能賣到好價錢。報紙的傳單都有寫哩！

最近大型建商很流行將自家建案品牌化，例如野村不動產的PROUD阪急不動產的GEO、東急不動產的BRANZ，這些建案強調選址、施工標準、外觀到內部格局的一致性來創造品牌價值。要選擇離車站近的品牌公寓，還是獨棟住宅？買房的選擇越來越多元了。

專欄—高槻日吉台咖啡店聽到的故事

我在大阪東北邊的衛星城市高槻市日吉台的住宅區，遇到的咖啡店老闆說了這段故事：

在以前，前面蓋了十棟公務員宿舍，住戶很常來我們店裡光顧，像是有到名古屋和北海道的機場做無重力實驗的大學教授；忙著處理北韓綁架事件的入國管理局人員；冒著生命危險進入三宅島火山噴發現場的氣象廳年輕人；還有，郵政省高官的老婆在店裡抓翹班的員工等等，有很多有趣的人們。

不過大概在十年前，有人批評公務員宿舍浪費百姓的血汗錢後，這裡就荒廢了，後來的好幾年都呈現如鬼城的狀態。約莫四年前才開發成獨棟住宅區，蓋了一百四十戶，一下子搬來好多年輕家庭。

我們店前面就新蓋了一整排的獨棟住宅，時常看到小孩奔跑玩耍，媽媽們在一旁聊天的景象。搭公車到車站只要十分鐘左右，聽說花了幾年時間才完售。其實除了車站前面的房子，這種住宅區也還是有滿多需求。

第6章 從車站前解讀

照片 1

1 終點站的風格
遠離鬧區的車站

【照片1】是JR神戶車站的站體，之前介紹過這個車站是一八七四年通車營運。日本最先開通的鐵道路線是東京的新橋到橫濱之間，接著是大阪到神戶，而這裡就是終點站。站體雖經多次改建，仍然保留昔日終點站的風格，十分珍貴。

【照片2】是南海電鐵的難波車站，作為路面電車阪堺鐵道的車站於一八八五年通車營運。車站正前方有高島屋大阪店，車站上方聳立著大阪南海瑞士飯店，這種在老房子上蓋新建築的形式，這幾年越來越常見。

鋪設鐵道是為了載運人和貨運在都市之間往來，不過市區的土地多半已蓋滿房子，只能在遠離鬧區的地方開設車站。車站的設立帶動人和物

照片 2

資流動而活絡周邊，熱鬧程度不輸驛站和港口城鎮。

大阪各民營鐵路公司蓋了好幾個這種風格的大型車站。鐵路發展時期，大阪市採取「市內交通市營主義」，不允許民間鐵路公司的路線加入，因此各家私鐵便蓋起大型總站，不僅班次多，更結合百貨公司以吸引更多客源，可說是私鐵的標誌。

另一方面，東京私鐵和地鐵則互相串連，鐵路網路逐漸完善。旅客因為不需出站，這種站體的需求便越來越少，從交通便利性來考量也是較好的選擇。近畿鐵道和阪神電車的路線也慢慢串連當中，不過車站的風格還是很難捨棄。

【照片3】讓我們來看看美國波士頓南站，此車站在一八九九年通車時是五家鐵道業者的共有車站，當時是波士頓規模最大的建築，也是世界最大的火車站。然而戰後鐵道事業的不景氣，車站幾乎荒廢，一九七〇年僅保留一部分站體，其餘全部打

照片 3

掉。後來在市民團體的全力遊說下，車站得以列入《國家史蹟名錄》，由麻薩諸塞灣交通局買下車站後，並花費兩億美元修復，於一九八九年完成目前看到的車站樣貌。多虧有市民愛惜，一百多年前的風格才得以保留至今。

註
* 市內交通市營主義（市営モンロー主義）
* 國家史蹟名錄（National Register of Historic Places）

照片 4

2 站前的放射狀道路
打造現代住宅的地區

【照片4】是大阪市東淀川區阪急京都線相川車站的站前，照片可能看不太出來，不過從【地圖1】可以看到有好幾條筆直的道路，從車站呈放射狀往住宅區延伸。這個車站最初是新京阪鐵道的吹田町站，於一九二八年通車。一開始我有提到，這種直直的道路都是有計畫性的，看地圖就可以明白，住宅區的開發是連同車站周邊也一併考量進去的企圖。

由【地圖2】來看大阪府吹田市的阪急千里山車站，西邊也有這種放射狀道路。這裡的路是一九二二年千里山住宅地開發時一起規劃的，從車站西邊那個有噴水池的圓環四散出去的道路，是參考倫敦郊外第一座田園城市「萊奇沃思」，

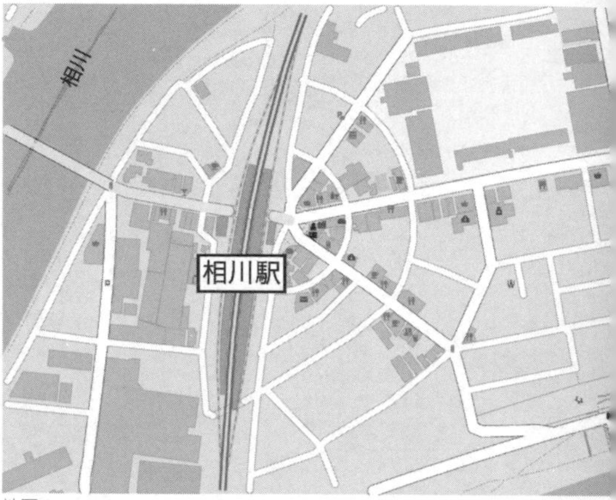

地圖 1
©OpenStreetMap contributors

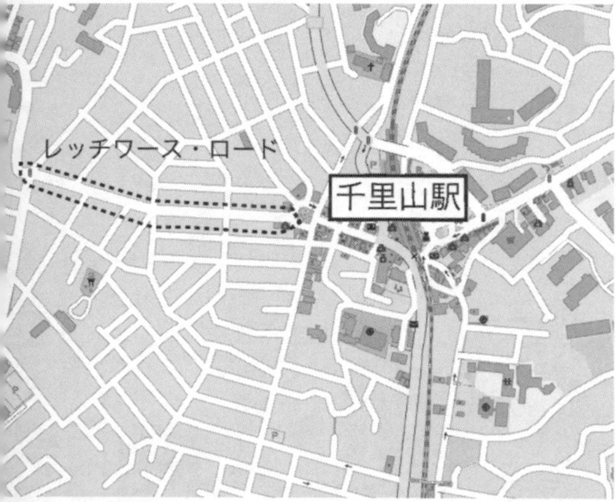

地圖 2
©OpenStreetMap contributors

其理念來自於英國都市學家埃伯尼澤・霍華德所設計，因此圓環通往西邊的道路也取名為「萊奇沃思路」。

日本知名的放射狀道路是在東京都大田區的田園調布。這座城市由商人澀澤榮一等人成立的田園都市株式會社，模仿一九一〇年代舊金山郊外的住宅區聖弗朗西斯伍德所設計，於一九二三年發售。換句話說，放射型街道是受歐美田園都市的構想所影響，大正末期到昭和初期建設的郊區城市中，可以發現田園都市的影子。

不過關西地區有放射狀道路的城市，大多只有成排的行道樹和平緩的人行道，規模難以和英美的田園都市相提並論。說得直白一點，只是把道路設計成放射狀而已。多數城市的設計還是受到戰後人口成長期的工商化影響，可惜偏離了最初的理念。

【地圖3】中在兵庫縣尼崎市的JR立花站東邊，也出現放射狀街道。車站北邊的商店街有人模仿法式風格，掛上寫著大道的法文字 avenue 的路標，試圖營造法式氛圍。雖然

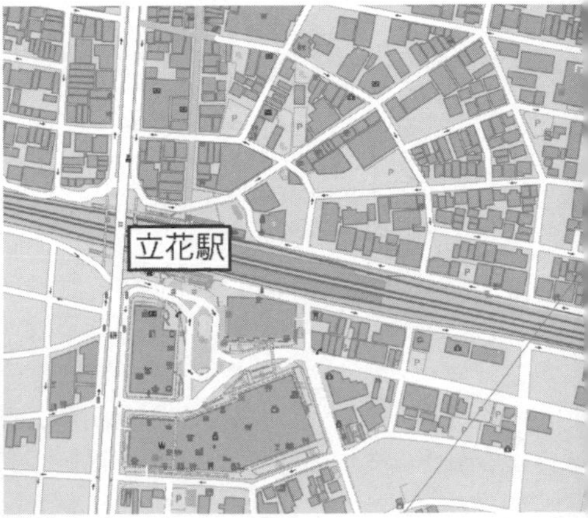

地圖 3
©OpenStreetMap contributors

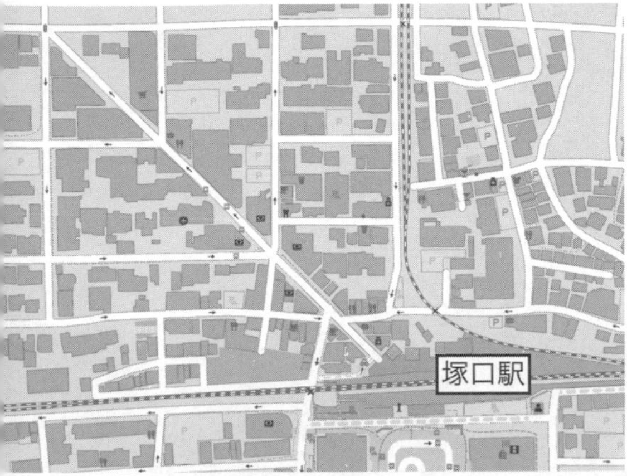

地圖 4
©OpenStreetMap contributors

不是放射狀，不過同時期開發的車站前方，都可看到車站往住宅區延伸的斜角道路，譬如在第五章第一單元提到的藤井寺便是如此。

【照片5】和【地圖4】的阪急塚口車站也有斜斜延伸出去的道路，街角之間設計了四十五度的彎度，公車在這裡轉彎的景象十分令人印象深刻，我想設計者也沒想到公車會這樣轉彎吧。

照片 5

註

* 萊奇沃思（Letchworth）
* 埃伯尼澤・霍華德（Ebenezer Howard）
* 聖弗朗西斯伍德（Saint Francis Wood）
* 相川車站（相川駅）
* 千里山車站（千里山駅）
* 立花車站（立花駅）
* 塚口車站（塚口駅）

照片 6

3 沒有站前廣場的車站

非開發導向的地區

【照片6】位於京都府長岡京市阪急長岡天神車站的西邊，雖然這一站是急行列車的停靠站，從【地圖5】看卻沒有站前廣場，公車和計程車無法駛入，那麼為什麼沒有站前廣場呢？長岡天神車站車站與上一單元介紹的阪急相川車站，同樣於一九二八年通車，但為何這裡不是放射狀的道路呢？我們可以從以前的地圖找到答案。

【地圖6】發行於一九三一年，長岡天神車站座落於開田村的一角，被稻田圍繞，看不出來有任何住宅區開發的跡象。所以車站設立的理由，大概就是為了服務到長岡天滿宮參拜的人們，以及前往南邊長岡賽馬場的客人吧。車站只占了村莊的一個角落，由於沒有開發的誘因便不特別設置站前廣場，就這樣持續至今。

【照片7】是車站往北走遇到的一排東西向建築，店家都是一些會出現在車站前的商店類型。另外車站東邊也有私人經營的停車場。我們可以從這些景象中理解站前的脈絡。

註

＊ 阪急長岡天神車站（阪急長岡天神駅）
＊ 長岡天滿宮（長岡天滿宮）
＊ JR長岡京站（JR長岡京駅）

地圖 5
©OpenStreetMap contributors

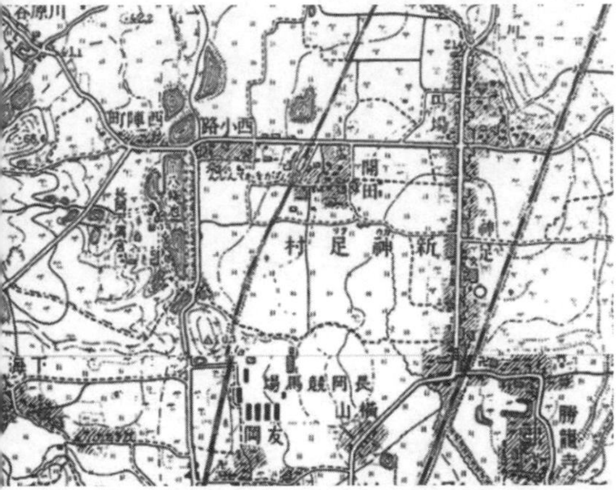

地圖 6
出處：國土地理院地圖　1:25000　京都西南部（昭和 6 年部分修正，昭和 7 年 12 月 28 日發行）

照片 7

照片 8

4 終點站的風景
鐵路延伸至此的理由

【照片8】是神戸市兵庫區的JR和田岬站，這條鐵道是連結兵庫車站和和田岬車站的支線，車站於一八九〇年通車時是山陽鐵道的貨運站，一九〇六年鐵路國有化之後開始營運客運業務，並在一八九〇年停止貨運業務，改為專門載送旅客。主要作為車站旁的三菱重工業和三菱電機的員工通勤使用，只有早上和傍晚有班次。

從【地圖7】中可見這條支線，這種從主要路線分岔出來且行車距離短的支線，在全國約有兩百八十條，鐵道迷將之稱為「盲腸線」。

【照片9】是兵庫縣西宮市的阪急甲陽園車站，路線從阪急神戸線夙川車站連結至六甲山脈的山腳下，於一九二四年通車營運。鐵路鋪設是

照片 9

地圖 7
©OpenStreetMap contributors

為了第二次大戰前在車站旁的溫泉地和電影製片廠，不過兩者現在都沒有保留下來，單純路過的話很難知道這段歷史。說個題外話，甲陽園有家名叫「TSUMAGARI」的甜點店，租下附近的店面擴增廠房，甜點師傅拿著蛋糕餅乾從工廠走到店裡的那條馬路，就順勢被稱為「TSUMAGARI 路」。聽說許多顧客為了總店限定販售的蛋糕，專程來到甲陽園車站。

盲腸線通往的地方，涵蓋了從前的貨運站、參拜地、遊樂區，以及機場、港口、轉乘站、垃圾場、海邊和新市鎮，像這樣去了解鐵路的鋪設目的，一定能聽到許多精彩故事。

註

* 兵庫車站（兵庫駅）

* 和田岬車站（和田岬駅）

照片 10

5 站前廣場的功能

多元的交通手段

【照片10】是神戶市兵庫區JR兵庫站北邊的站前廣場，乍看之下很普通，我把它稱為「自家車優先的站前」。

先來看看【照片11】，這裡是大阪府高槻市JR高槻站南邊的圓環車道，路面清楚標示出公車、計程車和一般汽車，阻擋一般車輛進入圓環，而是讓大眾運輸優先。

臨停接送K&R，指的是將人接送至最近的車站，在指定區臨時停車，讓人下車去轉乘大眾交通工具的意思。回過頭來再看兵庫站，站前圓環不允許公車進入，在中島設立停車場方便自用車自由進出，實踐了K&R的精神。

【照片12】是大阪府茨木市JR茨木站的西側，

照片 11

照片 12

其設計是人流通過車站剪票口後，穿越天橋往下抵達中島型的公車站，很像投硬幣把糖果推下來的遊戲。車站於一九七〇年完工，也就是大阪萬國博覽會舉辦的那一年，來往車站不只有千里新市鎮的居民，還有大量造訪大阪萬博的遊客，所以設計上必須考量如何順暢地疏導人流。

以前鐵路的任務從載送旅客和貨物，演變到後來分開運送。一九六〇年代後期隨著郊區都市化和汽車化的演變，旅客往返住家和車站的路途，衍生出各式各樣的交通手段，包括徒步、單車、計程車和公車等等，站前廣場因此多了分流的功能。原則上會讓大眾運輸優先出入，不過很多地方因為空間狹小無法這麼做。

多數人每天進出車站卻很少去思考站前設計的好壞，建議讀者從一個「城市鑑賞者」的角度去觀察看看。

註

* 自家車優先的站前道路（自家用車が中心の駅前道路）
* 停車場（駐輪場）
* 臨停接送 K&R（Kiss and Ride）
* 計程車（タクシー）
* 公車（バス）
* 剪票口（改札）
* 中島型公車站（島状のバス停）

照片 13

6 人行天橋

日本特有的人車分離策略

【照片13】是JR高槻站南邊的圓環路，和剛才看到的角度不同，從車站二樓出站後不需走到一樓，直接經過圓環上方進入隔壁的商業大樓。這種人行道稱為「人行空橋」，日本全國各地有兩百三十座。

一九六〇年代日本的汽車化時期，時常會聽到「交通戰爭」這個字眼，當時交通事故的死亡人數每年超過一萬五千人。車站前方的空間為了確保行人安全，採用的設計是：一樓為汽車動線、二樓或地下樓層是行人動線，這種兼顧安全與效率的做法稱為「人車分離」。除了有效利用有限的站前空間之外，更可為鄰近的商業設施導客。事實上，車站的人行空橋是日本特有的產物，國

照片 14

外幾乎看不到。我們從前面幾個例子就可以看出，車站的設計是一種風格的展現。不過最近這幾年，日本也興起一股恢復地面行人路權的風氣。

【照片14】是橫跨寢屋川的寬敞行人陸橋，位於大阪府大東市JR學研都市線的住道車站北側，這裡宛如市民廣場，時常舉辦活動。但因為陸橋在法律上被定位為「道路」，活動前必須先向中央或地方政府和警方申請。原則上多數陸橋都不被允許辦活動，不過這種人潮聚集又沒有車輛經過的場所，如果能好好利用一定能達到活絡地方的效果。

註
* 人行空橋（Pedestrian Deck）
* 剪票口（改札）

照片 15

7 車站與自行車

通勤必要的庶民經濟

參加 Walkin' About 的時候我時常租自行車行動。「計畫名稱明明是走路！」應該有人想要這樣吐槽吧。畢竟到了當地就想要多看一點風景，而且規定是九十分鐘內想做什麼都可以。

如果是觀光景點，車站就近就會有單車出租店，也有電動腳踏車的選擇，只要再搭配地圖就可以過上一段充實的時光。如果不是觀光區，站前的自行車停車場會擺放幾台單車提供租借。或許借腳踏車的人不是很多，但對我們這種「城市鑑賞者」來說是很方便的服務。

【照片15】在大阪府高槻市的阪急高槻市車站旁，可以用一天一百日圓的價錢租單車，如果單車數量超過一百台，另外還有月租一千五百日

照片 16

照片 17

圓的方案，頗受通勤族和學生的青睞。阪急京都線和淀川之間的地形平緩且有段距離，騎腳踏車往返的確很方便。雖然是民營生意，卻扮演了大眾運輸的角色。

我曾經在南海和歌山市車站利用過共享單車系統，這是和歌山市和中國業者合作營運的創新服務。只要使用手機APP，便可以在市內的無人自行車停車場租用單車，而且可以在任意停車場還車，可惜服務隨著中國業者退出而中止了。

話題轉回自行車停車場，有些公營停車場因為站前空間不足，而開設在距離車站有段距離的位置，這時就會看到私人營運的停車場發揮作用。

【照片16】的自行車停車場，位於京都府長岡京市的阪急長岡天神車站旁，這種店家可以說是一種必要生意，說不定是因為不想再忍受違規停車才決定開店吧。【照片17】則是由烏龍麵店改裝成的停車場，位在大阪藤井寺市商店街裡，從這個例子則是可以看到城市的興衰……。

照片 18

8 站前空間大變身

聚集人群的設計

【照片18】是兵庫縣明石市JR明石站南邊的站前廣場，屬於都市更新計畫的一部分，二〇一七年整理成現在看到的樣子，拓寬一樓驗票閘門出來的地面設計成廣場，打造成這種方便行走的空間是最近的趨勢。

後方是新蓋大樓，左邊是高層公寓，右邊具有圖書館、市公所業務窗口、健康中心和市民廣場等設施的公共服務大樓。相隔兩站的大久保車站的站前已有購物商場，所以這裡選擇設立公共設施，應是平衡地區機能的考量。【照片19】是公共服務大樓二樓的市民廣場，明亮的開放式空間，室內不受天候因素影響，方便舉辦各類型的活動。

照片 19

照片 20

【照片20】是兵庫縣姬路市JR姬路站北邊的廣場，於二〇一五年完工，車站的地下商店街和右邊的地面廣場連成一個開放式空間，這種設計手法稱為「下沉花園」，讓人們可以在這裡休息放鬆。

許多車站最近開始重新設計站前空間，希望導入能聚集人群的開放式空間。以往站前廣場的設計和人行陸橋一樣，在法律上都被定位成「道路」，而新的空間則是以辦活動、或提供市民租借的制度為前提去設計的。

註｜＊下沉花園（Sunken Garden）

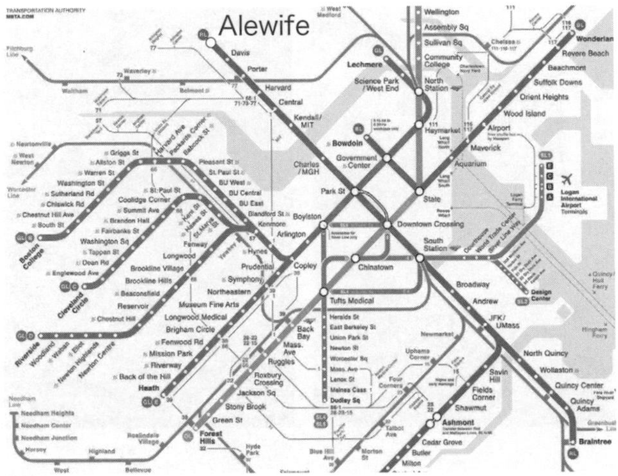

地圖 8
出處：MBTA（麻薩諸塞灣交通局）路線圖

專欄一　美國波士頓郊外的車站前風景

波士頓地鐵紅線的終點站的灰西鯡站於一九八五年通車營運，連接戰後開發的郊外住宅區和波士頓市中心，功能類似日本大阪的千里中央車站。

【照片21、22】這個車站的樓上設有客運總站、停車場、接送區、自行車停車場和公共自行車等等。這裡沒有計程車招呼站，計程車和Uber都是打電話或用APP叫車。停車場可容納兩千七百台的汽車，其目的是為了控制車輛流出，減少市中心的車流量。與波士頓車站的風格比較不同，是美國近年來典型的「停車轉乘」範例。

【照片23】是一定要介紹的波士頓共享單車系統「Bluebikes」——由波士頓結合鄰近三個城市，與民間企業合作的公共自行車租借服務，至二〇一九年四月有設置了兩百六十多個無人站點和兩千五百台單車。租一次費用是三十分鐘二點五元美金，一整年的方案是九十九元美金，一天可使用四十五分鐘。公共自行車的設置，是為了改善塞車問題以及方便市內移動，屬於公共交通政策的一環。

【照片24】另外美國近期也流行「隨地借、隨地還」的無樁式共享單車，只要用 APP 找到最近的單車，在用畢後鎖上，費用會自動扣除，這種模式也應用在電動單車上。

照片 21

照片 22

想必共享單車今後也會在日本廣為運用，至於採用什麼樣的形式值得拭目以待。

註
* 停車轉乘（Park and Ride）
* 灰西鯡站（Alewife Station）

照片 23

照片 24

第7章 從都市計畫解讀

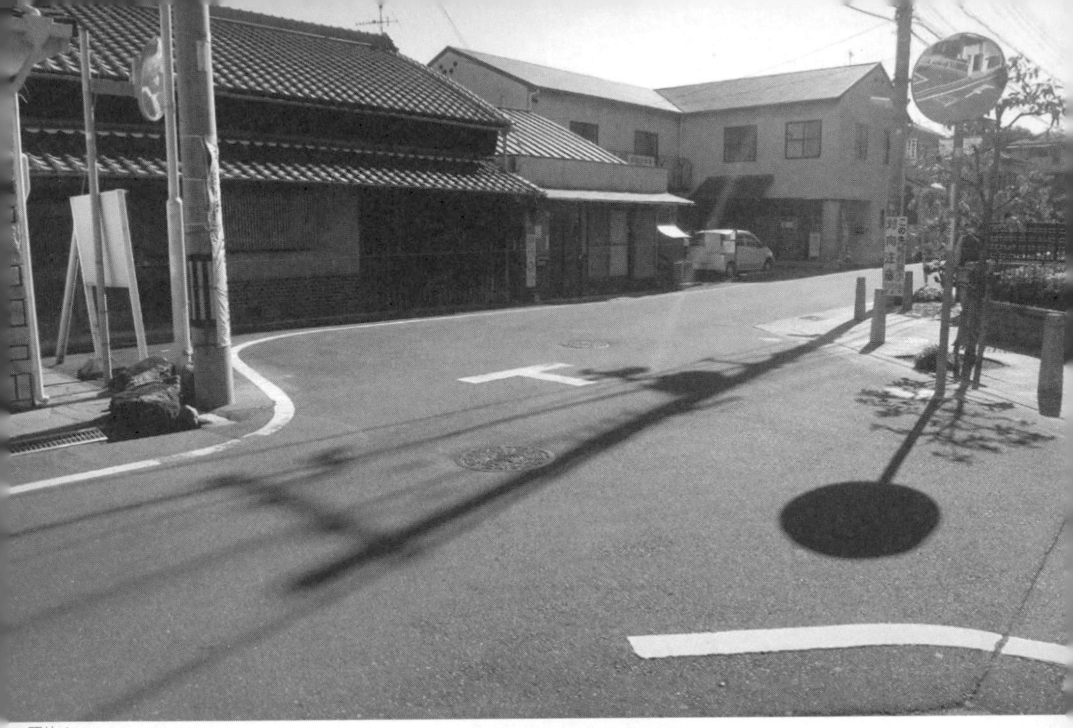

照片 1

1 昔日的都市計畫

理解跨時代的意圖

【照片1】走在大阪府茨木市上泉町，可以看到像這樣不自然彎曲的道路，這種設計稱為「鍵之手」。將宅邸和城鎮入口的道路設計成直角，除了拖延敵軍的進攻，也容易將敵軍逼至絕路，屬於一種防衛手段。上泉町的正南邊雖有茨木城，不過在一六一五年所發布「一國一城令」後便廢城了。戰國時代日本各地紛紛選在易攻易守的要地築城，形成具備防衛構造的建築物和都市空間。從【地圖1】來看，雖然茨木城位於平地，不過西邊有茨木川，南邊有茨木神社，東邊有幾座圍城的寺院，因此「鍵之手」形狀的道路，推測是為了防禦勢單力薄的北邊所設計。

用【地圖2】看看東京都江戶川區都營新宿

地圖 1
©OpenStreetMap contributors

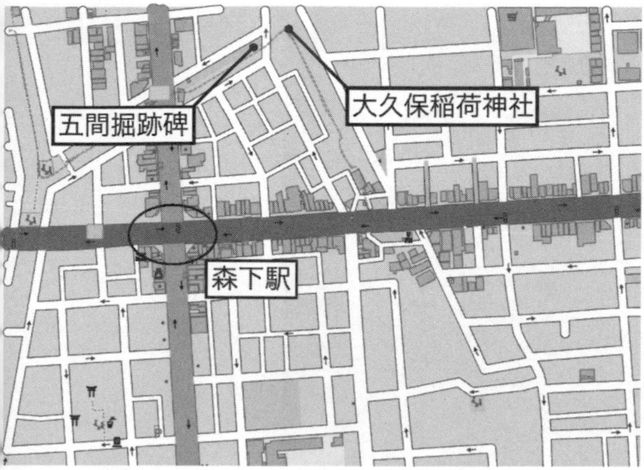

地圖 2
©OpenStreetMap contributors

線和大江戶線的森下車站，會發現周邊區域呈現特別的五角形，和外圍地區很不同。我之前偶然在這一站下車時看到地圖時就想著得去看看不可，便實際走訪了一趟。

在東北方的大久保稻荷神社的古蹟導覽看板上得知，這個特別的五角形是名為「五間堀」的溝渠舊址。五間堀是一六五七年明曆大火發生後，附近地區重建時開鑿。**【照片2】**是看板上展示了一八五八年繪製的「本所深川繪圖」。雖然不知道為何是這種形狀，不過可以看出溝渠內側和外側的房子土地面積大小不一，溝渠外側是木造房屋密集的街區，換句話說，這些溝渠是住在內側的人家為了保護財產而挖鑿的吧。溝渠穿越最右側的神保三千次郎宅邸，應該是房屋主人特意讓水路通過自家土地以利經營物流事業。

這裡陳述的事情並非事先就知道的知識，而是看了地圖後因為好奇決定實際前往；或走在路上偶發的疑問，事後查資料或自己的推理。Walkin' About 就是一個「主動學習型」的體驗，不會有人告訴你答案，必須自行發問、探索。

照片 2
大久保稻荷神社的古蹟導覽看板

孩子們在這個活動中常常有一些有趣的見解，極力推薦大家可以舉辦這樣的工作坊實踐看看。

註

* 鍵之手（鍵の手）
* 舊茨木川（旧茨木川）
* 大久保稻荷神社（大久保稲荷神社）
* 森下車站（森下駅）

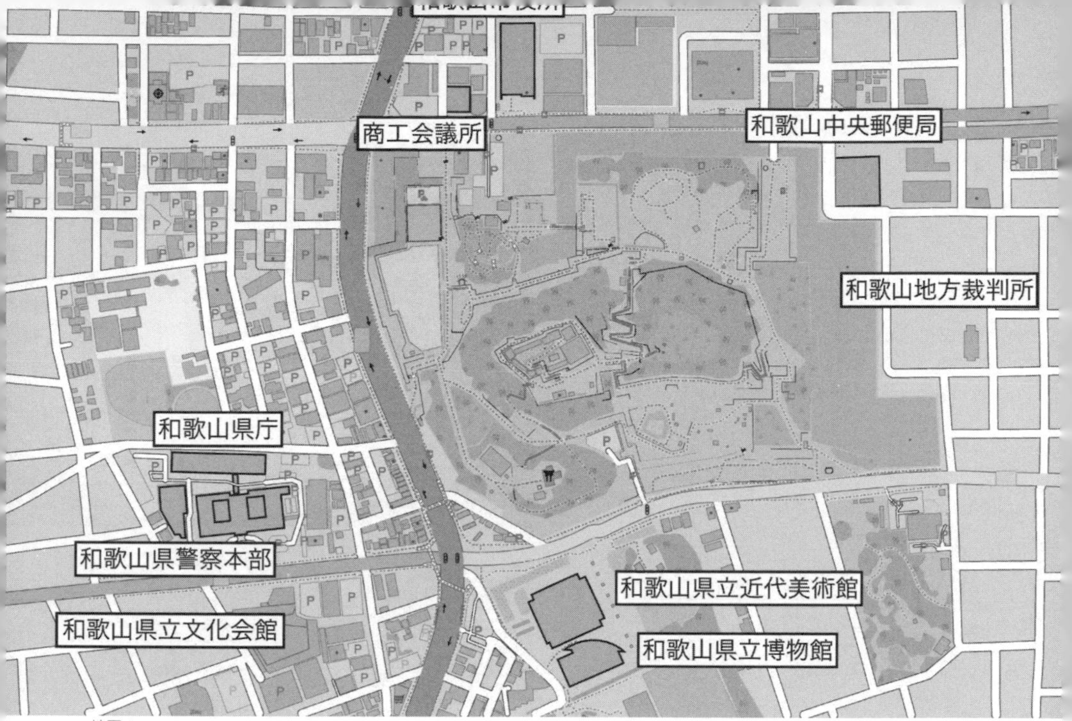

地圖 3
©OpenStreetMap contributors

2 城居何去何從

廢藩置縣賦予公共空間新樣貌

【地圖3】是和歌山城的周邊地圖，四周圍繞護城河的天守閣和其周邊，被以公園的型態保留下來，外圍區域設有縣廳、市公所、警察總部、文化中心、美術館、博物館、法院、郵局和商會，這次我們把重點放在周邊地區。

明治維新以後新政府為了建立現代化國家，思考著全國各地治理機構的設置位置。一八七七年廢藩置縣合併了原先由地方治理的府與縣，一八七三年的廢城令發布後又廢除大量城居，這時許多城內領地和武家土地充公，後來開發成地方政府機構。看看那些江戶時代的城下町變身為縣廳所在地的地方，可以發現城牆周邊聚集了縣廳、市公所、學校、法院、醫院、警察局等設施。

地圖 4
出處：國土地理院地圖　1:25000 大阪東北部
（昭和 4 年部分修正，昭和 7 年 10 月 30 日發行）

和歌山城也在同一個時間點廢城，城內的本丸、二之丸區域開發成和歌山公園。而曾經是重臣和高階武士居住的三之丸土地，也開發成政府單位和各種公共建設。

和歌山市中心部在一九四五年七月的大空襲中燒毀了大約七成的面積，城堡建築幾乎都在這時燒毀，不過廢城時尚在的城牆和護城河以內的空間，很幸運地保留下來，現在看到的天守閣是於一九五八年重建。另一方面，一八七三年城堡舊址劃為軍用財產後，便作為司令部和練兵場等近代軍隊設施使用，有些土地則是售出蓋公園和學校。

【地圖4】從一九二九年勘測大阪城的周邊來看，可以看到護城河內側有兵器廠、東邊有工廠和練兵場、南邊有軍服等，軍需工廠和軍事設施集中在此處。大阪城天守閣在一六六五年因雷擊燒毀，到了一九三一年，當時的大阪市長關一提出大阪城公園整修計畫，重建天守閣也列為計畫的項目之一。然而周邊許多軍事設施在戰時成為空襲目標，在戰爭結束前一天的大規模空襲中燒成灰燼。當時炸彈也投落在京橋車站，造成嚴重死傷。而天守閣奇蹟似地免於戰爭的摧殘得以保留至今。歷經明治時期波折命運的大阪城，現在作為市民喜愛親近的公園綠地，靜靜地矗立在大阪都心。

註
* 市公所（和歌山市役所）
* 商會（商工会議所）
* 縣廳（縣庁）
* 警察總部（警察本部）
* 文化中心（文化会館）
* 戰時（戰時）——（編註）第二次大戰時期

照片 3

3 住宅化的農地

戰前誕生的連棟長屋

【照片3】是大阪市北區中崎町的長屋，位於大阪車站徒步十分鐘的都心位置。這裡保留著從戰爭中倖存下來的街道，近來有越來越多復古氛圍的咖啡店、雜貨店和服飾店，都是選擇改造二十年以上歷史的長屋來經營。

中崎町在江戶到明治時期是一整片田地的恬靜區域，大正時代後逐漸開發成住宅區。雖然照片中的房子排列整齊，不過彎進後巷後路就變小，讓人有種誤入迷宮般的錯覺。因這裡是戰前基礎建設尚未完備時所開發，這種無秩序的發展狀態稱為「蔓延」現象。

【照片4】是大阪市阿倍野區阪南町的長屋，位在天王寺車站的南方，於大正時代末期建造，

照片 4

在那之前這裡幾乎都是農地。阪南町的長屋，都是透過耕地整理和土地重劃的手段蓋建。所謂的耕地整理是劃分、整併、移轉農地，為了提升農事效率進行農地重劃、整備水路和田間道路等。雖說是為了提升農地的生產力，不過都市旁農地的耕地整理計畫，最初就是以轉型成住宅區的前提實施。土地重劃則是指民有地移轉、徵收部分土地以開發道路、公園等公共建設。

昭和初期大阪市進行大規模的基礎建設開發，建蓋了大量長屋。一九四一年大阪市內的租屋數約有五十四萬戶，其中九成都是長屋建築。大阪市中心於二次大戰中化為一片焦土，不過環狀線外圍的東、南、北邊的區域則免於戰火摧殘，至今仍保留著長屋風景。

如今吹起復古風而受到喜愛的長屋，最初是為了因應戰前人口急速增加而建造的庶民住宅。

註 ＊蔓延（Sprawl）

照片 5

4 戰爭拓寬的道路
建築疏開與空襲後重建的道路

Walkin' About 在大阪吹田市舉辦時，我走進一家咖啡店，【照片5】是位在店面前方、十分寬敞的雙線道，老闆是這麼說的：

更早以前路其實更寬，後來設了人行道之後稍微限縮了一點。因為再往前一點是T字路口，所以不需要太寬。路太寬會出現很多違規停車，所以以前常有女警來開罰單。

據說這裡的道路如此寬敞，是為了因應戰爭時的需要，不過開發到一半戰爭就結束了，所以這條路並沒有通到車站。

【地圖5】中光德寺右邊的路是所謂的「疏開道路」，為了避免空襲造成的大規模延燒而進

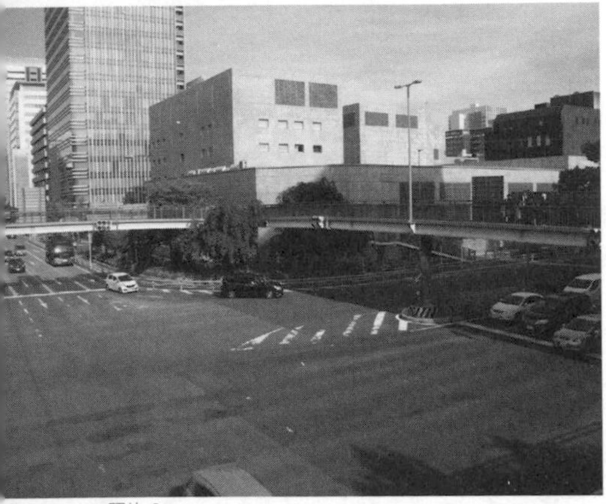

照片 6

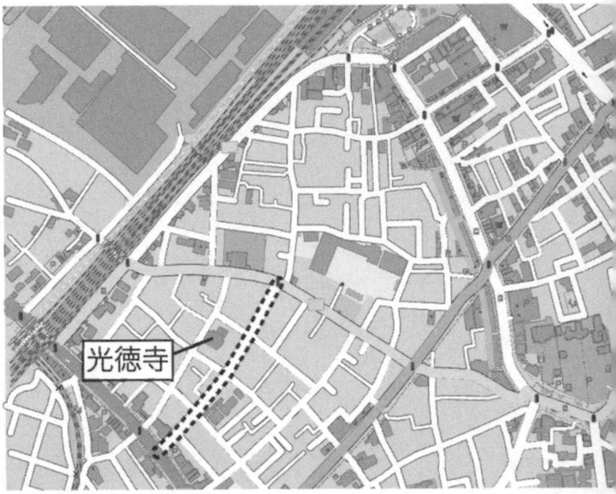

地圖 5

行拆屋的區域，大約拆毀一千四百戶，四千人失去家園。據說當時利用掛網將房子拉倒拓寬。戰後寬達二十二公尺的都市計畫道路，就是建立在這樣的悲劇上。

東京、大阪、名古屋等大都市都執行了疏開道路行動，全國多達六十萬戶居民被撤離。京都雖然沒有遭受空襲也拆毀了一萬戶，造就出後來的五條通、堀川通和御池通，擁有一千兩百年歷史古都裡的寬闊道路便是源自於此。

【照片6】是名古屋市的櫻通和伏見通的交叉路口，這兩條路也屬於疏開道路，總共五十公尺寬的幹線道，雖然對於交通和物流極為方便，可是對行人和自行車卻不是很友善。

【照片7】是通過大阪堺市市中心的宿院通，中央分隔島種著刺葵，所以這條路也被稱為刺葵通。堺市過往也執行了建築疏開行動，拆除了三千六百戶，共撤離一萬兩千萬人。然而一九四五年七月的空襲還是燒毀了大部分的街道，後來的戰災復興都市計畫，將市中心的道路規劃成東西南北整齊的格狀，而宿院通就是東西向的幹線道路，拓寬達五十公尺，

照片 7

並且作為復興的象徵，取名為「不死鳥路」（不死鳥的英文同刺葵的學名）。

日本有兩百個以上的都市曾遭受空襲，諷刺的是，這為後來汽車社會所需的基礎建設取得快速進展。順帶一提，不死鳥路除了堺市之外，也存在於三重縣的津市和福井市，這三個都市都經歷過戰災，福井市更在一九四八年遭受震災。想必他們都抱著如不死鳥一般重生的盼望，才取了這個名字吧。

或許讀者會覺得看到寬闊的道路就得思考其由來，未免太追根究柢，不過這是非常重要的知識。日本因為遭受戰災，相對不需面對伴隨道路徵收而來、需要處理居民撤離的問題。沒有受到戰災的美國在戰後郊區都市化的時代，為了讓高速公路通過，徵收並打掉了貧民窟，住民被迫搬離。

都市是為了誰存在？又是建立在誰的犧牲上？這是道路教會我們的事。

註

＊疏開（疎開）——（編註）日本在二次大戰期間，為避免空襲和火災的損害加劇，將城市的居民向郊外疏散的行為

照片 8

5 遲遲通不了車的道路

開路大不易

【照片8】是「御陵山崎線」（主要地方道西京高槻線），位在京都府長岡京市JR長岡京站西南邊，是都市計畫下的道路。照片前方這側的兩線車道已完成道路拓寬，寬幅達二十二公尺。內側因建築物尚未退後，只能維持一線車道。【地圖6】雖然有些難懂，不過到了「西京高槻線」和另一條路上的「神足古市共同墓園」旁的南邊道路，是突然收窄的。

所謂的都市計畫道路，是根據《都市計畫法》中「為確保都市健全發展及滿足都市機能」的規定，通盤考量決定要拓寬道路或是開發新道路。道路通行需要經過兩個階段，一是都市計畫拍板定案，決定建設道路；二是業務決策確定，準備

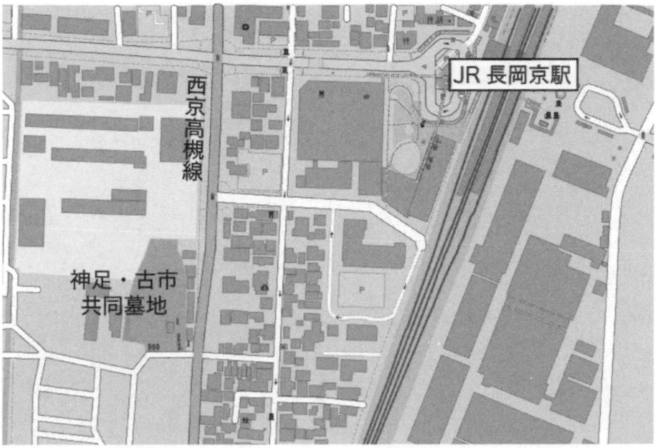

地圖6

施工。計畫已確定卻沒有預算施工，或是土地所有權人不同意等情況，都是道路無法如期完工的原因。

日本從戰後到高度經濟成長期間所規劃的計畫道路，有不少到現在都還沒通車。這條御陵山崎線的計畫是在一九六七年拍板，直到二〇一八年十二月也僅有百分之十八已通車。

日本《憲法》第二十九條第三項明示「私有財產在正當補償之下，得收為公用」——中央和地方政府得為了公共工程，強制取得土地所有權及其他權利的手段，被稱為「土地徵收」。像這樣為維護重大公共利益，或需要緊急執行的公共事業，可以通過法律強制徵收，不過至今只有在蓋成田國際機場時動用過。也就是說，與戰前的建築疏開那種強制撤離居民的做法不同，有時得花上不少時間。只要這麼一想，在看到這種景象時就會覺得「生在這個時代的這個國家真好」。

註

* 主要地方道（しゅようちほうどう）——（編註）日本法規分類的一種，由法規指定、擔任地方主要幹線的道路
* JR長岡京站（JR長岡京駅）

地圖 7

6 土地重劃與蔓延現象

通盤計畫或是自然發展

【地圖7】是奈良市近鐵奈良線富雄車站北邊的地圖，仔細看這裡的道路和街區形狀，會發現富雄川東西兩邊的開發手法差異相當大。西邊的道路較寬敞，街區較整齊，東邊則是道路狹小，街區成不規則狀。兩者的不同就在於有無執行土地重劃。

富雄川西邊的矢田丘陵的山頂，聚集了都市再生機構UR——開發當時稱之為「日本住宅公團」的富雄住宅團地，包含丘陵山腳下的土地在內，總計進行了共七十二公頃的土地重劃，所以這塊區域才能蓋起整排的大棟獨立住宅。

東側住宅區則由地方的承包商沿著自然的地形開發，並沒有做大規模的土地重劃。實際看到

照片 9

的感覺就是土地分屬不同所有人，房子四散各處。

原本的農地、濕地和丘陵地被開發成住宅區時，不同業者往往各行其是，沒有區域整體的規劃。如此一來住宅區就會有道路狹窄、街區難以通行、沒有公園或下水道等種種問題。像這樣隨著都市膨脹，房子毫無秩序往郊區擴張，被稱為「蔓延」現象，如同第五章介紹到的密集木造住宅，即是戰後人口急速增加時期的產物。一旦毫無秩序地進行開發，後續要改善便十分困難，這些容易遭受火災和自然災害的高風險住宅，因此只能長期維持現狀。不過換個角度想，土地區劃、住宅種類和型態，還有屋齡不一的緣故，連帶著居民的年齡組成和所得水準也很分散，因此少子化、高齡化、青年世代流失等問題，就不會一下子演變得太快。

一九六八年公布的《新都市計畫法》，將都市地區分成「市街化區域」和「市街化調整區域」。後者原則上禁止開發，前者則新制訂了開發許可的制度。換句話說，這條法律的目的就在於阻擋蔓延現象、控制街道開發。

照片 10

【照片9】位於大阪府門真市石原町，畫面中有公園和寬敞的道路，看起來排水良好。其實這裡以前有三十八棟的文化住宅，後來動用都市再生土地區劃整理事業和住宅市街地綜合整備事業，在蓋集合住宅的同時，一併整備了道路和公園。

【照片10】是集合住宅 Galleria，單純看外觀只會覺得是一棟漂亮房子，其實背後有著許多人生故事——原本住在文化住宅的居民就被遷到此處。

註
* 蔓延（Sprawl）
* 富雄車站（富雄駅）

照片 11

7 小型開發
從制度夾縫中誕生的住宅區

【照片11】的風景是位於大阪府東大阪市的瓜生堂，前方獨棟住宅是利用所謂的「小型開發」手法興建，指的是在都心周邊，開發面積未達一千平方公尺的土地，並密集建設獨棟住宅，且單戶土地面積不超過一百平方公尺。這種手法於一九六〇至一九七〇年代間，快速都市化的城市近郊十分常見。

一九六八年公佈的《新都市計畫法》建立了「開發許可制度」，規定市區中開發面積超過一千平方公尺以上的工程必須申請許可（三大都市圈的市區和近郊計畫開發的區域則為五百平方公尺），才衍生出這種不須申請許可的開發手法。

照片 13

地圖 12

【照片12】中此類型小型開發區域，在大阪府大東市野崎可以看到。這種手法被稱為「一反開發」——原本的農地轉型成住宅地，將近二十間相同設計的三層透天厝整齊排列。一反等同於九百九十四平方公尺，不需要開發許可。

這種手法常見於都市近郊地價高昂的區域，比大規模開發更有彈性。由當地承包商負責也較能提供符合地方需求的住宅，加上外來車輛無法進入開發區域中的指定道路，能夠給孩子們一個安全的遊戲環境，更容易建立社區連結。不過另一方面，建商為了賺錢把房子蓋得過度密集，或是進行非法工程和偷工減料的狀況似乎不在少數。

房子的買家幾乎都是住在附近文化住宅的居民，對這些離開鄉下遠赴大都市工作、想在當地擁有自己居所的人來說，是一個最實惠的選擇。

【照片13】現在走在大阪門真市石原町的街道上，可以看到不少小型開發的升級版。除了把文化住宅改建成小型開發的透天厝和公寓，還有像這種外觀現代、可以停兩台車的三層住宅，想必是為了迎合年輕人的品味吧。

為了解決蔓延現象的住宅問題，得花費大把時間和勞力，不過往好處想，住宅種類多樣、屋齡長短不一，也意味著居民的年齡組成和所得水準各不相同，有助於減緩人口減少、年輕人流失、少子化和高齡化的速度。

石原町大阪燒店的阿婆就說過這麼一段話：

把一間文化住宅拆掉後，會有兩棟、三棟、四棟的獨棟房子蓋起來，它們全都長得一個樣，房子的一樓都是停車位。大家都是貸款買房子，生活不能過得太奢侈，所以在外面喝酒小酌的人變少了。而且家裡的浴室就可以泡澡，因此大眾澡堂也不流行了。店家倒了不少，現在還有開的店都是靠著常客勉強撐著。

註—＊小型開發（ミニ開発）

照片 14

8 動彈不得的旗竿地
無法改建的房子

【照片14】是東京神樂坂的小巷，在兩道圍牆中間鋪石路的盡頭，靜靜座落著一棟房子。因為建設用地必須確保有一條向外連通的道路，這種貌似一面旗子形狀的土地，就被稱為「旗竿地」。旗竿地被鄰地包圍，即使房子的外觀設計精美，行人也難以窺見，所以土地價格普遍比周邊行情還低。不過照片中的房子還有一個更大的問題，就是無法改建。

一九五〇年制定的《建築基準法》規定，為了確保災害發生時能夠執行避難和救援活動，建築預定地必須有寬幅兩公尺以上的道路，再向外連接到寬幅四公尺以上的道路。而這之前的法律並沒有這種規定，因此舊有旗竿地的房子沒有辦

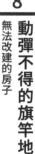

照片 15

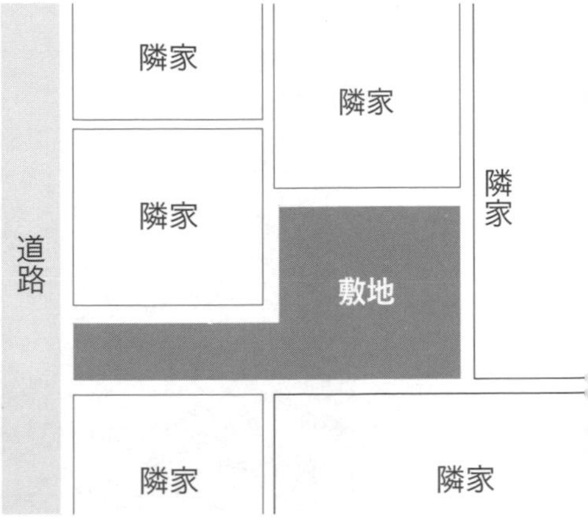

法打掉重來。

這塊地的歷史看起來似乎更久遠，原本過著不在意他人眼光的安靜生活，曾幾何時時代已經不允許這樣的生活方式，看著這幅風景心裡很是感嘆。

【照片15】是位於京都二條的旗竿地，巷內有一棟與巷口瓦片屋頂風格一致的木造建築，兩旁的房子都已改建成現代的三層透天厝。京都在建設平安京時，設計了邊長一百二十公尺的方形街區，大部份蓋在街區中的房子都沒有符合現行的道路規定。雖然無法改建但可以維修，因此有很多地方已改造成民宿經營。

註―＊建設用地（敷地）

照片 16

9 兩項道路與房屋倒退

汽車社會以前的道路設計

【照片16】是東京豐島區東池袋的住宅區街道，這張照片的重點是前方道路寬敞，但走到後面路的寬度縮窄使得車子無法通過。

剛才提到的《建築基準法》中規定，房屋建設的條件是前方道路的寬度必須達四公尺以上，這條路的尾端怎麼看都未達標準。即使是一九一九年制定的《市街地建築物法》，規定前方道路至少必須有二點七公尺，似乎也沒有達標。

其實這一帶幸運地逃過一九二三年的關東大地震、戰時的東京大空襲，那個時代的街道因而就這樣保留下來。當時並不知道日本有一天會進入汽車社會，房屋隨著時代更迭、法律修訂變得不符規定，稱為「既存不適格」的建築。

照片 17

然而不能因為牴觸新法就把老房子拆掉，因此《建築基準法》第四十二條第二項就暫時將前面的路認定成道路，規定改建時房子必須退到離道路中央兩公尺的距離，這種改建時必須拓寬的道路被稱為「兩項道路」。所以照片前方是已經拓寬的道路，後方則是等待改建時機準備拓寬的道路。

【照片17】位在大阪中崎町，巷弄中有很多面向兩項道路的長屋所改建成的咖啡店、雜貨店和服飾店。越深入巷內會有更多發現，迷宮一樣的道路是這個城鎮的特色。房屋重建時路就必須拓寬，要欣賞過渡期的熱鬧景象要趁現在。

註一 *既存不適格（きそんふてきかく）

照片 18

10 既存不適格的風景

政策如何左右街景

【照片18】是京都河原町二條的交叉路口，可以看到房子的高度並不統一。照片中這一帶的建築物高度上限目前已下修為二十公尺，右邊房子是七層樓，應是為了把高度控制在二十公尺內。左邊較窄有十一層樓的房子，則是為了不超過三十一公尺。

二〇〇七年京都市公布的新景觀政策，重新調整了市中心新建建築的高度限制，理由是「為配合地區景觀特性制定合宜規範，達成與三方山脈景觀及京町家等傳統建築的和諧」。以往限高分成十、十五、二十、三十一、四十五公尺的五等級，新政策因應街區特性，廢除四十五公尺、新加入十二、二十五公尺，變成六等級的規範。

照片 19

因此左邊的房子在政府政策變更之後，就變成了「既存不適格」建築。而在新政策發佈之後，市內增加了六百五十棟不適格的公寓大樓，跟兩項道路一樣，在下一次改建之前還會維持好幾十年的現狀。

我在第四章中也有提到，京都近幾年因外國觀光客增加，旅館越蓋越多，不過高度限制的政策有效抑制了新大樓的開發，而新房子因樓層數不多因此房價居高不下。

【照片19】是二〇一九年一月拍攝的大阪御堂筋，同樣也是房屋高度不一的街景。二〇一三年大阪市有條件地將御堂筋沿路新建築限高五十公尺的規定廢除，政策放寬後的第一棟大樓於二〇一八年八月完成，高度高達一百公尺。政策放緩或收緊就這樣左右著城市幾十年的街道景觀。

照片 20

11 鉛筆建築的由來

建築覆蓋率和容積率決定街景

【照片20】中的大樓被稱為「鉛筆建築」，特徵是面積不大的土地上聳立著中高樓層的狹長型建築。這張照片是拍攝於東京墨田區兩國車站周邊。中間大樓掛著蕎麥麵店的招牌，對於附近的變化，老闆的態度是：「少開玩笑了，我們可不會輸人！」樓上咖啡店、麻將店的老闆和常客想必也是故事的角色之一吧。

那麼這幅景色到底是怎麼來的呢？一九六八年所制訂的《都市計畫法》中，將市街化區域劃分成住家、商業、工業等八種類別，來規範建築物的用途、型態和容積等等，阻止未經完整規畫就進行的開發工程。

照片中的區域被歸類為「商業地區：建築覆

照片 21

蓋率百分之八十、容積率百分之六百」，也就是說要滿足覆蓋率，房子最多可以蓋到七層樓。因此趁著店面翻新的機會蓋好蓋滿，再作為住家或辦公室出租出去。

後來時代改變，一九九七年《建築基準法》修訂後，電梯等公共空間的面積不需再納入容積率的計算，所以照片兩旁的大樓才蓋到九層樓高。「喂喂，還有這招？」蕎麥麵店的老闆應該咬牙切齒吧。

【照片21】是大阪市旭區千林大宮的幹道旁整排的看板建築，這裡的分類為「商業地區：建築覆蓋率百分之八十，容積率百分之四百」，房子最多可以蓋到五層樓，不過這裡因為沒有開發壓力，房子並沒有剛剛提到的兩國地區那麼密集。

註｜＊鉛筆建築（Pencil Building）

專欄─在三國居酒屋聽到的故事

大阪市淀川區的阪急三國車站出站後，往東邊走幾分鐘，在商店街的南邊有家於一九六〇年開業的居酒屋。

老闆的母親在廣島出生成長，戰爭期間被動員到電力公司的配電所工作。原子彈投下的那天開啟逃難生活，歷經千辛萬苦後在大阪開店落地生根。

當時居酒屋門口是一排小酒館，對面是工廠區，有日本鋁業（現在的NARUKO）、東洋電機、大洋機械、諸星墨水（現在的DIC）、奧谷電機、三國重工業等等，還有一些十個人、二十個人規模左右的工廠聚集。商店街北邊是木造的平房住宅區，工廠的員工

們就住在那兒。泡沫經濟崩潰後的不景氣導致工廠接二連三地遷廠，土地後來改建成公寓或獨棟住宅。

北邊的住宅區正在進行土地重劃，這裡從戰前到戰後進行了蔓延現象的開發，老朽的木造房屋很密集。一九九五年阪神大地震發生後，打造安全防災城鎮的聲音越來越大，成為都市更新再造的絕佳時機。一九九七年都市計畫委員會成立，一九九九年土地重劃的都市計畫敲定，內容包括改建市營住宅和老舊民宅、拓寬道路解除房屋過密的狀態、以及打造安全的防災城市、在地區中設置多個小型公園，給孩子們一個安全的居住環境。

我在居酒屋聽到了下面這個故事：

被要求搬家的居民必須把房子拆掉、照相，憑相片領取賠償金。不過因為沒有能力負擔拆屋費用，搬走之後也沒錢重建房子，很多人只能留在原地。

住在平房的話，早上還能打開窗戶和鄰居互道早安，但是搬到公寓大樓後就沒辦法了。

這些似乎都是無法下定決心搬家的理由。老闆還提到房子重建後會回來的人並不多，店家失去熟客便很難經營。聽到這個故事是二〇一四年的時候，現在這家居酒屋也收起來了。

第8章

從災害面解讀

照片1

1 防洪生活
架高房子到求神保佑

【照片1】兵庫縣西宮市阪神甲子園球場的西南邊有一座「甲子園素盞嗚神社」，以保佑高中球員獲得甲子園出賽資格與勝利聞名。這裡奉祀日本神明素戔嗚尊是其來有自。

【地圖1】一九二四年因武庫川整修後遭廢除的枝川、申川，其流域位置就是今甲子園球場。這座神社就位於枝川和申川的交會處。武庫川和其支流流域一代有為數不少的「素盞嗚神社」，尼崎市也有多達二十五座。這些神社都是由那些飽受武庫川氾濫之苦的村民們，為了祭拜、鎮靜狂暴的武庫川所建設的。事實上直到江戶時代都是祭拜掌管水的牛頭天王，到了明治初期廢佛毀釋政策發布後，便改成祭祀素戔嗚尊。不過也有另一種較具戲劇色彩的解釋，是將數條狂暴的支流比喻成八岐大蛇，最後由素戔嗚尊將之降伏作為其由來。

【照片2】是大阪府門真市古川橋車站附近的住家和倉庫，用石頭架高的倉庫被稱為「段藏」。地勢低加上溼氣重的門真地區，從以前就深受水害之苦，為了保護自家財產將倉庫墊高，防止受大雨或漲潮引發的水位上升和海水倒灌所侵害。

【照片3】是大阪府大東市御供田的景色，中間的綠色走廊以前是恩治川的河道，後方則有一排倉庫，同樣被架高了。從前這裡的水運十分發達，不過因為地勢低，一下大雨便會有生駒山的雨水和

地圖 1
出處：國土地理院地圖　1:20000 西之宮（明治 42 年測繪，明治 44 年 9 月 30 日發行）

照片 2

照片 3

照片 4

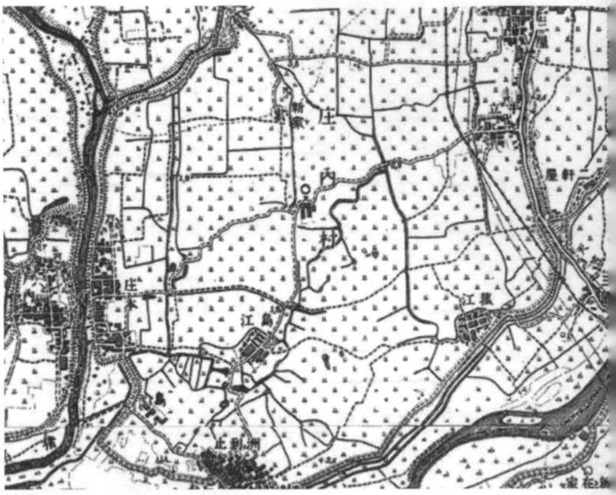

地圖 2
出處：國土地理院地圖　1:20000 伊丹
（明治 42 年測繪，明治 44 年 10 月 30 日發行）

土石流流入，引發洪水。

【照片4】是大阪府豐中市庄內的輪中遺址「野田輪中堤」，庄內的地勢低，猪名川水系的氾濫問題也很嚴重。從一八八五年繪製的【地圖2】便能看到堤防包圍著地區中的兩個村落，我們可以從眼前的景象去想像，前人是用什麼樣的方式與氾濫的河川共存。

註
＊段蔵（だんぐら）
＊輪中（わじゅう）——（譯註）保護村落不受水害的堤防

照片 5

2 水害改變的風景

城鎮與水邊分離的對策

【照片5】是奈良縣北葛城的王寺町中央公民館。建築物旁邊有一道通往屋頂的樓梯，這棟房子蓋於一九七四年，樓梯想必是之後加蓋。

一九八二年大和川的河水倒灌至葛下川，淹沒了王寺車站的周邊地區。久度附近的電線桿上貼著「五七水害淹水高度」的標示，最高的地方高達二點四公尺。王寺這個城鎮是大和川水系幾條河川的匯流之處，原本發生水災的風險就很高。

【照片6】是在王寺町的久度，可以看到很多房子和倉庫的外牆是一層木紋的鍍鋅鐵皮，應是水災後整修。說個題外話，這種防水外牆在下雪的地方似乎很常見，【照片7】是在秋田縣五城目町，整個地區的住家就長這個樣子。看來這

照片 6

照片 7

是每個面臨水害風險的地方必備的智慧小撇步。

【照片8】是大阪府大東市住道車站站前的恩智川，河川兩岸有加上鋼板的護岸。一九七二年的豪雨導致寢屋川、恩智川氾濫成災，河川流經區域大範圍淹水。之後透過治水工程拓寬河川，將河床挖得更深、河岸加上護岸，並改變部分水流方向。這種鋼板打造的護岸稱為「矢板護岸」，垂直站立並與後方的房子只隔著一條道路。因周圍區域早已發展成熟，建築物難以遷移的情況下只能採取拓寬河川的手段。

【照片9】是橫跨寢屋川的橋的下段樓梯，人們得爬六公尺高的樓梯才能渡河。當地居民似乎都強烈感受著自己的生活被堤防所保護。附近沖繩料理店的老闆娘跟我們說了這個故事：

> 一九七二年的七月和九月有兩次很嚴重的水災。七月是水遲遲不退，九月則是一下子水就淹了起來。那時候逃不了就躲在家裡，最後有人來救我們出去。水災的消息上了電視，

照片 9

照片 8

很多家鄉的人打電話來關心。那時才發現原來水是這麼危險的東西啊。後來堤防加高就不淹水了，心裡非常感激呢。

以前有很多沖繩出身的女工在車站南邊的鐘紡紡織廠工作，沖繩料理店才會開在這。工廠舊址現在蓋了一棟名為「Bell Park」的公寓，想必是取名自工廠的吧。

有句俗話說「被羹湯燙過後連涼拌菜也要吹涼」，指經歷過慘痛的失敗後變得極度謹慎的心態。為了讓居民安心，這幾年針對水害的對策，都是將城鎮與水邊拉開距離，今後會怎麼發展我們可以好好想一想。

照片 10

3 防範土石災害
支撐城鎮的幕後功臣

【照片10】是兵庫縣川西市一之鳥居車站前方的「法面」。法面指的是，在開發成住宅區的土地或建設道路的地方，以挖土和填土的方式打造的人造斜坡，目的在於防止土石崩塌。這張照片是二〇一五年四月拍攝，現在上面已有植物覆蓋。應該是崩塌過再整修。

【照片11】是阪急神戶線沿路的擋土牆，花崗岩作成的擋土牆分成兩層，下層看起來歷史比較悠久。神戶一帶用當地的地名將花崗岩取名為「御影石」，下層擋土牆就是使用在六甲山腳開採的御影石。

【照片12】是奈良縣三郷町近鐵生駒線的勢野北口車站再往東邊走的沿線風景。二〇一七年

照片 11

照片 12

秋天颱風帶來的豪雨，導致房子下方混凝土製的擋土牆崩塌，土石傾瀉而出。當時新聞不停播報裸露的地基，以及其勉強支撐房子的畫面。一位附近居民是這麼說的：

那邊是在山腳的斜坡上，用堆土填出來的地，後來土壤流掉了。那座山最初是從上面開始填地的。那邊房子擋土牆蓋得算牢固，留到最後的房子大約是十五年前蓋的。建商已經倒了，大概是有偷工減料吧。買那邊房子的都是外地人，在地人都知情不會去買。

這幾年有許多機會讓我們留意到，蓋在斜坡上的房子遇到大雨或地震時很有可能會崩塌。居民也表示責任雖在建商，卻可能無法獲得保障。這些地方的生活可說是由斜坡和擋土牆支撐起來。

照片 13

4 防火防災

消防車發明前的防火措施

【照片13】是大阪府吹田市內本町的住家，可以看到倉庫同樣是蓋在架高的石頭上。不過這次焦點放在右邊的銀杏樹。

因為銀杏樹富含水分不易燃燒，所以種植銀杏樹的位置就是避免房屋倉庫受火災侵襲的防火道。以前的住宅多是木造，一旦起火就不易熄滅，而消防幫浦在明治時期才開始使用，在那之前只能破壞建築物來阻止延燒。所以當時為了保護家中財產所作的準備比現在更為謹慎，比如蓋倉庫也是為了保護重要財產，在一些歷史悠久的城鎮中仍保留一些消防用水的水箱。

【照片14】的房子是一間榻榻米店，位於大阪府北部箕面市牧落地區舊西國街道上，硬山頂

照片 14

式的屋頂下方被稱為破風的部分寫著一個「水」字，是被稱為「水文字」的消防平安符，守護房屋免於火災。有些神社的破風板下方也會掛著魚狀的「懸魚」裝飾，透過跟水有密切關係的「魚的象徵」來祈願防火。這在神社寺院較為常見，庶民則在使用上有一些限制。庶民間的水文字使用習慣始於江戶末期，到了明治時期已十分普及。

地方上的消防活動分成有正職人員的公家消防單位，和由居民組成的志工消防團。回顧歷史，全國都市設立消防局的時間點是在昭和時代以後，而現在的消防團也類似江戶時期的滅火隊和明治時期的消防組。

只要從「自己的地方自己顧」的角度去看待這些防火措施，便可以看到一個城市下了多少功夫，也會對地方的需求有更深一層的認識。

註—* 江戶時期的滅火隊（町火消し）

照片 15

5 大地震的痕跡
從新事物判斷受害程度

【照片15】是神戶市灘區阪神岩屋車站的站前風景。在一群高聳的建築之間，可以看到有一棟有硬山頂式屋頂的三層樓房子，似乎免於開發的命運，被留在原地。

Walkin' About 在這裡舉辦時，我從車站前面的咖啡店老闆那裡聽到了這段故事：

> 車站入口原本在西邊的十字路口，因為地震震毀了，後來搬到我們店門口這邊。這一帶的災情慘重，你現在看到又高又漂亮的房子都是阪神大地震後重建的。

這裡的土地被歸類為鄰近商業地區，雖然按照建築覆蓋率百分之八十，容積率百分之四百的

照片 16

規定房子可以蓋五層樓，不過這裡的房子卻高於規定。原因是基於災後復興的理由，希望早日重建足夠的房源，便放寬容積率和高度限制。

經歷災難摧毀的街道，就這樣一口氣進行都市更新。同樣的諷刺意味也能在建築物的外牆上看到。

【照片16】是走在兵庫縣蘆屋市西邊、和神戶市相連的津知町，會看到整排外牆用牆板包覆的美麗住宅。這種素材於一九七〇年代登場，一九九〇年代普及，當時產品的廣告在電視上大力放送。戰前日本房子的外牆一般都是木製或土製，比較有防火意識的建築會使用灰泥和銅板。後來許多都市遭受空襲，房子燒毀，一九五〇年制定的《建築基準法》便規定房屋外牆必須採用防火結構，水泥漿塗裝的外牆因此普及。接著牆板的誕生省去了塗裝工程，以極具成本優勢在一九九〇年代後變成主流。只要有這些知識，當看到外牆便可以推敲出房子是什麼時候蓋的。

【照片17】中鋪著外牆板的住宅區雖然是一九九〇年代後

照片 17

建設，但其實津知町的地名由來是江戶時代的津知村，是一個祭拜日吉神社的舊村落。讀者可能已經觀察到，津知町也是阪神大地震的重災區之一，津知鄰近的川西地區有百分之九十二的房屋全倒或半倒。這個城鎮從原本的農地經過耕地整理、土地重劃後開發成住宅區，嚴重受創的區域，是那些由濕地開發成文化住宅等老舊木造房子的密集地帶。

咖啡店老闆還說，在大地震中損失慘重、咬緊牙根努力重建家園的居民，聽到不知情的人稱讚街景很漂亮的時候，總是會產生一股複雜的情緒。

照片 18

6 災害與重建

光有復興計畫還不夠

【照片18】是在神戶市長田區JR新長田站西南邊的南北向道路「新長田一番街」前面，有一座巨大模型「鐵人二十八號」高舉拳頭站在那裡。這座城市的多數地方都在阪神大地震中燒成灰燼，後來經過市街地再開發事業和土地重劃事業，走了一段重建的漫漫長路。二〇〇九年設立了這座模型作為災後復興的象徵。

市街地再開發事業透過共同使用土地和提高容積率，大幅增加新房子中的建築面積。所有權人取回等同於持有土地和房子相當價值的坪數後，新增的剩餘坪數歸事業開發者所有，從這裡產生利潤支付開發費用，若空間閒置等於投資無法回收。透過蓋高樓大廈來籌措重建所需的費用，

照片 19

而不是因應公司租借辦公室的需求來蓋大樓，這就是重建的難處所在。實際看看重建的大樓，裡面其實有很多是公共空間。

【照片19】是菅原水仙公園的周邊風景，位在新長田車站西北邊的神戶高速鐵道高速長田車站南邊。公園的前身是在地震時燒毀的菅原市場，後來幾個店家一起開了一間超市，現在已結束營業。有一些店選擇在住宅區裡自行重建，背後想必有一段希望與奮鬥的故事吧。

【照片20】是以前菅原市場附近的十字路口。兩邊的人行道寬闊，明顯是有計畫地拓寬。附近的咖啡店老闆是這麼說的：

> 地震幾個月後我在臨時店面重新營業，度過了幾年的時光。市地重劃開始時把店關了，等到房子蓋好後再回來。
>
> 為了取得道路和公園用地，透過「減步」，也就是土地的所有權人大家分一點土地出來，你看到的人行道就是這麼來的。曾經也有人質疑人行道真的需要這麼寬嗎？
>
> 地震後這附近很多人都搬走了，留下來的人有些因為沒

照片 20

辦法分出土地也相繼離去。我們店雖然變漂亮了，但很多老顧客都離開了。

我想很多居民在地震發生以前都沒有聽過「減步」這個名詞吧，東日本大地震時也是如此。歷經嚴重災害面臨重建作業的居民，都得從認識都市計畫和都市再造的知識開始，思考如何重建住宅、重新營業，互相討論取得共識。

面對災害的預備措施除了確保避難場所、安裝滅火器、準備手電筒和緊急避難包之外，大家必須事先研議，若是災情嚴重到改變了我們的生活環境，我們該如何重建。不只是全球暖化帶來的頻繁豪大雨、洪水、土石流，對無法擺脫地震的島國而言更是特別重要的議題。

第9章

從情感面解讀

到目前為止，我們做了很多「從城市風景去解讀其背後意圖」的練習，像觀賞戲劇一般，觀察「保留」和「改變」城市現狀的兩股力量如何拉扯、角力。

打造或者改造城市都需要相當的意志力、勞力、資金和時間。另一方面，維護已開發的城市，就不需要花費那麼多力氣。所以比起「打造一個理想的狀態」，我們大多時候是與「雖然有一些問題，但還是努力維持現狀的狀態」共處。房子雖然多少有些不便，仍要保留它的原貌；持續了好幾代的生意雖然不再賺錢，仍堅持下去。或許城市仰賴著慣性運轉，即使事物的必要性已不復存在。人們在每一天的生活中，對城市的日常風景、各種慣習產生眷戀，認同感日益累積，以身為其中的一份子為榮，「久居則安」就是形容這種生活狀態。城市往往會超越設計者原先的意圖，發展成必須守護的珍貴樣貌。

然而我們也看到很多例子顯示出，這種帶理想性的維持現狀，有時會因為經濟和政治的考量、經年累月的損耗和突如其來的災害，面臨存續危機或直接劃上句點。當局面演變至此，我們該如何重現城市的價值，恢復我們對城市的眷戀。最後一章要探討的便是我對未來的提問。

照片 1

1 保存還是開發

新舊共存的解法

【照片1】是神戶三宮靠海、被稱為「舊居留地」的區域——明治初期神戶的港口對外國開放時，劃出給外國人合法居留的區域。一八九九年歸還給日本後，自大正時期至昭和初期，許多日本商社和銀行紛紛在此設立，發展成繁榮的商業區。

照片的重點在於，兩棟近代建築在地震後，分別進行不同程度整修，剛好可以相互對照。右邊是一九二二年完工的「商船三井大樓」，是大正時期唯一保留至今的大型商業大樓，在阪神大地震後經過整修，二〇一二年又進行大規模的耐震補強工程。它的左邊（照片中央）則是「神戶海岸大樓」，阪神大地震時被認定為全毀，外牆

照片 2

拆下保管，同一個地點蓋大樓時再將外牆復原。

也就是說，商船三井大樓是修復成原先的樣子，而神戶海岸大樓則是在建築物上方蓋新大樓，下方保留原貌。

【照片2】是一九三五年建立、二〇〇四年改建的大阪證券交易所，原本的建築上新建了達到容積率上限的商業大樓，採後退式的設計看不到全貌。

這種保留部分舊建築，在上面加蓋高層建築的手法稱為「腰卷建築」。若是按照原先的樣子整修維持低樓層，等於放棄高樓層的坪數。不過也不能因此捨棄受到大家喜愛的舊房子，於是兼顧歷史建築保存和經濟效益的腰卷建築，就自然成了日本近年來常見的建築手法。想到許多眾人想保存的建築或風景一一消逝，自己是滿認同這種做法。

保留著歷史符號的外觀，只要看到建築就能感受到城市的歷史軌跡。

註—＊腰卷建築（腰巻ビル）

照片 3

2 創業的投資和挑戰

商家復甦的活力與魅力

【照片3】是京都市中京區JR二條站西南邊的西之京小倉町風景，從姊小路通往東邊看有一棟「BiVi二條商場」，裡面有電影院等等的設施。站前更新和鐵路高架化拉近了街道間的距離，讓生活機能更豐富，也促進許多個人開店的小型開發。

二條車站的西邊以前有一座調車場，那裡到大正時代晚期還是近郊農村，後來慢慢都市化後蓋起了長屋。調車場把鐵路分成東西兩側，後來調車場廢除，山陰本線高架化，市地重劃整頓了站前空間，商業設施進駐後人流便隨之而來，長屋改裝的咖啡店和小店也相繼開張。

租金便宜的小型空間十分適合當作小本生

照片 4

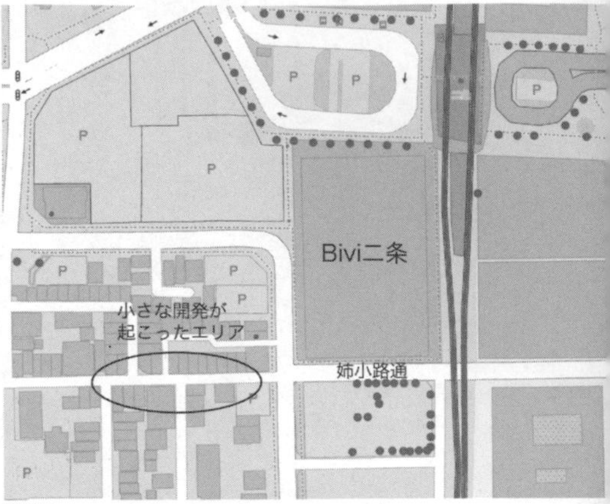

地圖 1
©OpenStreetMap contributors

意的實驗地，創業家的聚集為城市增添了活力。我經營的COMMON Café所在的大阪中崎町離大阪車站不遠，那裡仍保留著一些長屋，同樣也吸引了許多創業者來此開闢新天地。長年未再開發區域中的空屋，賦予城市新的價值。

【照片4】是大阪千日前味園大樓的二樓。有夜總會、小酒館、舞廳、宴會廳、三溫暖聚集的娛樂場所，在高度經濟成長期時極為繁盛。一九九〇年代中期蕭條，二樓的店面有一段時間都是空的。二〇〇四年負責營運的公司大幅調降租金後，吸引不少年輕人在這裡開酒吧和餐廳，聚集許多次文化、非主流風格的店家，才回復以往的熱鬧。不過這幾年外國觀光客急速增加，租金上漲，加上「一般客人」也會來這裡消費，漸漸沖淡了獨特的文化氣息。

註
* BiVi二條商場（BiVi二条）
* 小型開發的區域（小さな開発が起こったエリア）

照片5

3 復興優先的超法律措施

改建後得以保留的巷弄

【照片5】是大阪法善寺橫丁，石頭小路兩旁的餐館別有一番風情。這裡在二〇〇二年受道頓堀舊中座劇場的火災延燒波及，接著隔年再度發生大火，造成沿路不少店家的損失。

以前這條巷子的寬度是兩點六公尺，也就是《建築基準法》認定的兩項道路。重建時須確保往後若發生火災能避免延燒，因此房屋必須退到道路中央的兩公尺外。不過如此一來，昔日巷內和迎面走來的人互相側身禮讓的情感交流將會消失，該怎麼兼顧重建與地方風情呢？

這裡所採取的是「聯合建築設計制度」，將同區域中的房子一律視為同一基地的建築，讓新蓋建築得以適用現存房子的建築規範。透過將餐

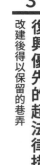

館設計成不超過三層樓的防火結構，並設置逃生陽台等等的防災措施，巷弄就能繼續維持二點七公尺的寬度去改建。這種劃時代的改建方法，是為了將進入汽車時代前，那種能感受人跟人之間親密感的街道保存下來，

二〇一四年大阪市淀川區阪急十三站西邊的居酒屋街「小便橫丁」發生火災，燒毀了三十九家店面。後來房屋重建後，橫丁東邊的道路從二點五公尺拓寬到四公尺，外觀煥然一新。不過也有不少店家放棄原地重建，另闢新天地。

這兩個重建案例有什麼差別呢？是城市的文化深度、當事人是否取得共識、還是費用花得實不實際？很可惜這些細節我們無從得知。

然而當我們失去許多人喜愛的珍貴場所時，該怎麼恢復原狀，或是如何在保存的原則下進行開發，應採取什麼具體的做法，我希望這些知識可以更普及一點。

註一＊聯合建築設計制度（連担建築物設計制度）

4 舒服的環境

那些讓人感到舒適的「模式」

建築師兼都市設計師克里斯托佛・亞歷山大在著作《模式語言》中，分別從城市、社區、建築、結構、施工、裝潢等方面，擷取兩百五十三種讓人們感到「舒適自在」的模式，比方說半遮蔽式的花園、可以坐的階梯、內縮牆壁的收納空間等等，為我們提示出原來一個舒適的環境是包含了這些元素，想在那裡慢慢消磨時光的地方和風景，讓人們對城市產生眷戀。

亞歷山大認為，即使在不同社會中這些模式也是共通的常見元素，是大家的共享經驗，然而急速現代化的過程中這些模式逐漸被遺忘。他更指出，打造一座城市不只是有名建築師和都市設計師的工作，還必須由居民和專家攜手，去找出自己想要的模式、思考如何可以讓生活環境更美好，換句話說就是「都市設計的民主化」，這實在是一個很有意思的觀點。

我走過無數城市，有些環境就是讓人感覺特別舒適自在。因為是憑直覺去感受，也不太清楚是刻意設計還是偶然，但是只要仔細探究其中的道理就會有不少發現。這裡我們來看看幾個模式，雖然可能不一定和亞歷山大的模式吻合……。

照片 6

照片 7

親水環境

【照片6】是流過神戶市東灘區的住吉川，附近居民會在這裡慢跑、在河邊漫步或是在河裡玩水。不遠處的六甲山離海近，坡度又陡，下大雨時混濁的水流偶爾會淹過石牆，不過平時是舒服的親水空間。兩邊的堤防上方有道路，車子和腳踏車都進不來，人們可以安心、放鬆地在這裡休憩。

充滿綠意的人行道

【照片7】是偶然在埼玉縣大宮市遇見的風景，武藏一宮冰川神社的參拜道路是一條長長的綠色隧道，就連沒有舉辦活動的時候也會有很多人在這裡散步。這裡綠意環繞，路不太寬也不太窄，而且不需要留意車子。可以放鬆漫步的道路似乎很受當地人歡迎。我才想到，給車子走的綠色隧道到處都有，但是行人專用的道路卻屈指可數。

照片 8

照片 9

能坐著的地方

【照片8】是大阪車站對面大阪商業大樓 Grand Front Osaka 的廣場。照片是六月某一天的傍晚五點左右拍的，這時陽光轉弱，空氣漸漸有涼意，人們紛紛找了位子坐下來。日本的城市可以隨意坐下的地方並不多，所以像這種可以滿足人們需求的空間十分珍貴。此外還可以從高處往下眺望人們的悠閒坐姿，成為一幅亞歷山大風格的景致。我們身處這種可以凝視人們的場所，似乎也會感到很愜意。

入口通道和植栽

【照片9】是東京都中央區日本橋兜町的一隅，中間那棟前方種植植物的房子現在已改裝成餐廳。房子蓋在小巷旁，這條小巷將街區一分為二，車子進不來，通往餐廳的路上十分舒適。這附近有好幾戶都是像這樣沒有庭院、在門口種樹的人家。在房子蓋得很密集的江戶下町的模式，或許就是用門前的植栽來豐富生活吧。

照片 10

照片 11

遮起來的地方

【照片10】是大阪上本町 HiHi Town 地下街的長型居酒屋。你沒有看錯，就是在建築物裡。雖然走道和喝酒的地方中間沒有隔起來，可能比不上外面的居酒屋，不過掛上簾子就不會被路人看到臉了。看到客人坐一整排的景象，我想這種既開放又有隱私的空間，似乎也打中了人們的需求。

露天攤販

【照片11】是JR京橋站附近的露天居酒屋，前方的道路以前是穿越水域的堤道，但因為很少會有車子會經過，因此可以安心喝酒，套餐裡的鮪魚、海膽、鮭魚卵給得很大方，十分受歡迎，其實光是能在開放空間喝酒就是一個賣點。這樣的風景並不常見，想必現代日本的都市空間要實現這樣的點子已經不容易了。

註

＊克里斯托佛・亞歷山大（Christopher Alexander）

＊模式語言（パタン・ランゲージ）

照片 12

5 打造串起連結的空間
都市設計的軟體面

【照片12】是在大阪府堺市泉北高速鐵道泉丘車站的站前廣場，舉辦活動的樣子，為了形成地方社群，市民自發性地在車站前面的廣場舉辦活動。

一個城市的再生，需要有新的居民遷入並對這裡產生認同。若要原本互不相識的人們、或者大半時間都在此度過的人們，能夠快樂充實地生活，對於社群的歸屬感就顯得相當重要。打造一個可以聚集人們的空間，在都市設計的軟體面裡扮演著很重要的角色。

我自己也一直在從事這方面的活動，所以走在路上只要看到這種場所，使命感就會油然而生，自告奮勇地想號召大家一起來參加。

照片 13

照片 14

【照片13】是和歌山市JR紀勢本線紀和車站的周邊風景，這裡原本是一家花店，開始賣咖啡、茶、啤酒還有冰淇淋之後，吸引不少附近的獨居老人上門光顧。我去買冰的時候不知不覺就加入了大家的話題，度過一段愉快的時光。在那裡可以很明顯地感受到，大家對這家店的存在懷著感謝的心情。

【照片14】是大阪JR新今宮站附近的自助章魚燒吧，這天的老闆是加拿大和紐西蘭的混血兒，有資工背景的老闆之前從事相關工作，二〇一七年來到日本後開始在這裡工作。先前周邊有很多給日雇型勞工住的旅社，這幾年外國觀光客增加，青年旅店和旅館也越蓋越多。這天我聽了身高兩百公分的挪威人分享他們的故事，真希望這種可以和平常很難認識到的人，在一起輕鬆聊天的空間可以越來越多。

【照片15】是某條路上舉辦的「街區派對」——我當時人正在美國東北邊的麻薩諸塞州劍橋市，之前看到電線桿上貼的傳單便好奇地去瞧瞧，原來是封街舉辦的派對，桌子椅子和食物都是附近居民自備的，大家聚在一起吃飯聊天。

照片 15

「Why not join us ?」我路過的時候居民很隨和地邀請我共襄盛舉，便順勢加入話題。

這個活動會在每年的春天和秋天舉辦，已經連續舉辦二十年了。原本是在某個人的庭院中辦的活動，後來納入劍橋市的業務，開始辦在馬路上。席間人們討論的話題從桌上的料理、閱讀的書、附近餐廳的評價、今年美式足球的精彩片段，到某個人最近如何、紐約女兒的近況、兩年前的那場大雪等鄰里間的閒聊。

「我老公喜歡做菜是很好，但是做太多啦。」、「雖然那個人會借書給我看，但都會擅自決定我要看什麼。」我就在旁邊笑著聽太太們講著無傷大雅的八卦。

事實上這個「街區派對」最剛開始的目的是為了改善周邊環境，在大約二十年前，鄰近地區竊盜事件頻傳，一九八〇、一九九〇年代還有毒販出入治安不佳。為了改善地方居民的居住環境，讓大家互相認識、拉近關係，才有了這樣的嘗試。

美國紀實寫作作家珍・雅各，出了很多跟都市有關的著作，她曾經在《偉大城市的誕生與衰亡》一書中，說過這段話：

都市鄰里間的信賴關係，是從每一天中那些看似微小的交流中，日積月累所建立起來。是到酒館喝一杯啤酒、從雜貨店老闆那裡聽到的叮嚀再轉述給報攤的男人、在麵包店和其他客人交換意見、跟門口兩個喝著汽水的男孩打招呼、等晚餐煮好的時間邊留意女孩們、教訓小孩、聽五金行老闆說八卦、跟藥劑師借一美元、誇誇剛出生的嬰兒、關心對方褪色的外套這些事情來的。

人們只要在放鬆的狀態下自然就會交談、認識彼此。不需要花費大筆資金，每個人帶點什麼就能促成一個交流的場合，在那裡大家可以交換情報、討論地方議題，許多問題就在這個過程中解決了。而過程中產生的羈絆將會轉化為每個人對城市的眷戀。遇見這樣的場景也是城市散步的美好滋味之一。

註

＊珍・雅各（Jane Jacobs）

＊《偉大城市的誕生與衰亡（*The Death and Life of Great American Cities*）》

專欄—京都七條七本松的咖啡店故事

Walkin' About 來到京都市下京區七條七本松時，我在散步途中走進一間有五十幾年歷史、咖哩很有名的咖啡店。那時店裡只有老闆一個人，正大聲播放著爵士樂。

我選了吧台的座位，點了熱美式。這時老闆想把音量調小，我示意不需要。後來有其他客人進來之後，老闆雖然把音樂轉小聲，但不久就把 CD 換成黑膠唱片。我端詳著唱片封面時，店主說了一句「是米特．傑克森啊」，裡面收錄的是和貝西伯爵大樂團合作的即興演奏。我邊讀著內頁說明邊詢問「這是合作版呀？」，老闆回了「是啊」一邊哼著歌，手腳俐落地工作著。

其實這家店我以前來過一次，當時老闆推薦一位音樂家給我，我卻怎麼也想不起名字。老闆很沉默，不時地更換唱片，把唱片包裝放在顯眼的位置。其他客人幾乎都是老顧客，不是看著體育報紙和漫畫雜誌，就是跟旁邊的客人聊天，所以這些舉動很明顯是為了我做的。不知道他記不記得那時候的事？

雖然很想繼續享受這種令人心跳加速的服務，但隨著集合時間逼近，只好準備結帳離開。

「其實大概六、七年前我有來過一次，那時老闆推薦了一位音樂家，可是名字我怎麼都想不起來啊。」我說。

「如果是那個時間點，應該是我哥哥告訴你的吧。」

「哥哥也很了解爵士樂嗎？」

「是啊，比我還了解呢。不過他去世了。」

回去翻當時的日記，希望自己有把名字記下來，結果一無所獲，很後悔後來沒有再上門光顧。

拜訪一座城市，偶爾也會有意想不到的相會和離別的體驗。

結語

謝謝讀者陪我一起走完這趟旅途，對於我一開始說的「城市的知識」、「觀賞戲劇一般觀賞城市」是不是有更多理解了呢？

其實對學過都市計畫、建築、土木工程和產業地理學的人來說，這本書介紹的內容都是非常基礎的。原先只是因為我在市面上，還沒有看到可以深入淺出介紹相關知識的書籍，便索性自己寫一本，就是這麼簡單的理由。

目前日本多數地區面臨著少子化、高齡化、人口減少趨勢帶來的各種問題，比如說商店倒閉導致許多老年人成為購物難民、都市中心托兒所數量不足的托育問題、高度經濟成長期的公共建設老化、鄰近山區地帶的限界集落化、郊區市鎮居民生活困難和空屋問題等等。也聽說將來為了提升公共建設的效率，確保生活機能便利，將朝緊密城市的形式發展。

若要有效處理龐大的課題，就必須觀察為問題困擾的對象是誰，以及具體的細節。不是只提出任何地區都通用的解決辦法，而是要根據地方歷史、當地資源、居民的認同、人們的偏好去為各個地方量身打造。除了詳加觀察城市之外，或許居民自主進行的活動早已為我們指出方向，因此當都市再造的機會來臨時，不該依賴專家和政府，應由居民主導，表達自己希望怎麼做的具體需求。

換句話說，生活在其中的人必須充實自己的城市知識，將各種模式組合起來表達自己的願景，這是都市設計民主化的必經過程。

「觀賞戲劇一般觀賞城市的樂趣」，去解讀城市裡埋下的伏筆和各種作用的力量，把城市裡登場角色說過的台詞放在心上。這些練習將轉化成往後人們居住的都市，讓生活更加豐富！

書裡介紹的這些「城市知識」只占了我們收穫的一小部分，為了讓讀者更容易理解，我選擇較為簡單明瞭的表達方式，可能會有些地方顯得不足。往後隨著知識的升級、精緻化，希望我們從觀察城市獲得的發現和衍生的解決方法，可以更豐富地方居民的生活。

我要特別感謝這本書執筆時，給予我許多指導的大阪大學名譽教授鳴海邦碩老師、關西大學環境都市工程部建築系的岡繪理子教授；還有參加並協助 Walkin' About 活動與都市會議，共同累積「城市知識」的各位。

最後是為這本書的出版盡心盡力的學藝出版社編輯岩崎健一郎先生、Apple Seed 版權代理的栂井理惠小姐，在這裡致上最誠摯的謝意。

散步學入門
城市魅力大搜查

歩いて読みとく地域デザイン：普通のまちの見方・活かし方

作者　山納洋
譯者　曾鈺珮
總編輯　周易正
責任編輯　胡佳君
編輯協力　郭正偉、徐林均
行銷企劃　陳姿妘、李珮甄

封面設計　胡韻葳
內頁設計　張廖淳心

印刷　釉川印刷

定價　320 元
ISBN　9789860653137
版次　2021 年 10 月　初版一刷

出版　行人文化實驗室／行人股份有限公司
發行人　廖美立
地址　10074 臺北市中正區南昌路一段 49 號 2 樓
電話　+886-2-3765-2655
傳真　+886-2-3765-2660

總經銷　大和書報圖書股份有限公司
電話　+886-2-8990-2588

行人散步偵探委員會，邀請您一同來解謎。

國家圖書館出版品預行編目 (CIP) 資料

散步學入門：城市魅力大搜查
山納洋作 ; 曾鈺珮譯 . -- 初版 . --
臺北市 : 行人文化實驗室 , 2021.10
200 面 ; 14.8 (W) x 21(H) 公分
譯自 : 歩いて読みとく地域デザイン : 普通のまちの見方・活かし方
ISBN 978-986-06531-3-7(平裝)

1. 都市地理學 2. 日本

545.1931　　110012854

NT$ 320
ISBN 978-986-06531-3-7
9 789860 653137
行人